Editor / Herausgeber:
Prof. Salomon Klaczko-Ryndziun, Frankfurt a. M.
Co-Editors / Mitherausgeber:
Prof. Ranan Banerji, Temple University, Philadelphia
Prof. Jerome A. Feldman, University of Rochester, Rochester
Prof. Mohamed Abdelrahman Mansour, ETH, Zürich
Prof. Ernst Billeter, Universität Fribourg, Fribourg
Prof. Christof Burckhardt, EPF, Lausanne
Prof. Ivar Ugi, Technische Universität München
Prof. King-Sun Fu, Purdue University, West Lafayette
Prof. Gerhard Fehl, R.W.T.H., Aachen
Dipl.-Ing. Ekkehard Brunn, Universität, Dortmund

Interdisciplinary Systems Research
Analysis — Modeling — Simulation

The system science has been developed from several scientific fields: control and communication theory, model theory and computer science. Nowadays it fulfills the requirements which Norbert Wiener formulated originally for cybernetics; and were not feasible at his time, because of insufficient development of computer science in the past.
Research and practical application of system science involve works of specialists of system science as well as of those from various fields of application. Up to now, the efficiency of this co-operation has been proved in many theoretical and practical works.
The series 'Interdisciplinary Systems Research' is intended to be a source of information for university students and scientists involved in theoretical and applied systems research. The reader shall be informed about the most advanced state of the art in research, application, lecturing and metatheoretical criticism in this area. It is also intended to enlarge this area by including diverse mathematical modeling procedures developed in many decades for the description and optimization of systems.
In contrast to the former tradition, which restricted the theoretical control and computer science to mathematicians, physicists and engineers, the present series emphasizes the interdisciplinarity which system science has reached until now, and which tends to expand. City and regional planners, psychologists, physiologists, economists, ecologists, food scientists, sociologists, political scientists, lawyers, pedagogues, philologists, managers, diplomats, military scientists and other specialists are increasingly confronted or even charged with problems of system science.
The ISR series will contain research reports — including PhD-theses — lecture notes, readers for lectures and proceedings of scientific symposia. The use of less expensive printing methods is provided to assure that the authors' results may be offered for discussion in the shortest time to a broad, interested community. In order to assure the reproducibility of the published results the coding lists of the used programs should be included in reports about computer simulation.
The international character of this series is intended to be accomplished by including reports in German, English and French, both from universities and research centers in the whole world. To assure this goal, the editors' board will be composed of representatives of the different countries and areas of interest.

Interdisziplinäre Systemforschung
Analyse — Formalisierung — Simulation

Die Systemwissenschaft hat sich aus der Verbindung mehrerer Wissenschaftszweige entwickelt: der Regelungs- und Steuerungstheorie, der Kommunikationswissenschaft, der Modelltheorie und der Informatik. Sie erfüllt heute das Programm, das Norbert Wiener mit seiner Definition von Kybernetik ursprünglich vorgelegt hat und dessen Durchführung zu seiner Zeit durch die noch ungenügend entwickelte Computerwissenschaft stark eingeschränkt war.
Die Forschung und die praktische Anwendung der Systemwissenschaft bezieht heute sowohl die Fachleute der Systemwissenschaft als auch die Spezialisten der Anwendungsgebiete ein. In vielen Bereichen hat sich diese Zusammenarbeit mittlerweile bewährt.
Die Reihe «Interdisziplinäre Systemforschung» setzt sich zum Ziel, dem Studenten, dem Theoretiker und dem Praktiker über den neuesten Stand aus Lehre und Forschung, aus der Anwendung und der metatheoretischen Kritik dieser Wissenschaft zu berichten.
Dieser Rahmen soll noch insofern erweitert werden, als die Reihe in ihren Publikationen die mathematischen Modellierungsverfahren mit einbezieht, die in verschiedensten Wissenschaften in vielen Jahrzehnten zur Beschreibung und Optimierung von Systemen erarbeitet wurden.
Entgegen der früheren Tradition, in der die theoretische Regelungs- und Computerwissenschaft auf den Kreis der Mathematiker, Physiker und Ingenieure beschränkt war, liegt die Betonung dieser Reihe auf der Interdisziplinarität, die die Systemwissenschaft mittlerweile erreicht hat und weiter anstrebt. Stadt- und Regionalplaner, Psychologen, Physiologen, Betriebswirte, Volkswirtschafter, Ökologen, Ernährungswissenschafter, Soziologen, Politologen, Juristen, Pädagogen, Manager, Diplomaten, Militärwissenschafter und andere Fachleute sehen sich zunehmend mit Aufgaben der Systemforschung konfrontiert oder sogar beauftragt.
Die ISR-Reihe wird Forschungsberichte — einschliesslich Dissertationen —, Vorlesungsskripten, Readers zu Vorlesungen und Tagungsberichte enthalten. Die Verwendung wenig aufwendiger Herstellungsverfahren soll dazu dienen, die Ergebnisse der Autoren in kürzester Frist einer möglichst breiten, interessierten Öffentlichkeit zur Diskussion zu stellen. Um auch die Reproduzierbarkeit der Ergebnisse zu gewährleisten, werden in Berichten über Arbeiten mit dem Computer wenn immer möglich auch die Befehlslisten im Anhang mitgedruckt.
Der internationale Charakter der Reihe soll durch die Aufnahme von Arbeiten in Deutsch, Englisch und Französisch aus Hochschulen und Forschungszentren aus aller Welt verwirklicht werden. Dafür soll eine entsprechende Zusammensetzung des Herausgebergremiums sorgen.

ISR 30

Interdisciplinary Systems Research
Interdisziplinäre Systemforschung

Alfred Voss

Ansätze zur Gesamtanalyse des Systems Mensch – Energie – Umwelt

Eine dynamische Computersimulation

1977 Springer Basel AG

CIP-Kurztitelaufnahme der Deutschen Bibliothek

Voss, Alfred
Ansätze zur Gesamtanalyse des Systems Mensch-
Energie-Umwelt: e. dynam. Computersimulation.
— 1. Aufl. — Basel, Stuttgart: Birkhäuser, 1977.
 (Interdisciplinary systems research; 30)

ISBN 978-3-7643-0888-9   ISBN 978-3-0348-5747-5 (eBook)
DOI 10.1007/978-3-0348-5747-5

Nachdruck verboten
Alle Rechte, insbesondere das der Übersetzung in fremde Sprachen und der
Reproduktion auf photostatischem Wege oder durch Mikrofilm, vorbehalten.

© Springer Basel AG 1977
Ursprünglich erschienen bei Birkhäuser Verlag Basel 1977

INHALTSVERZEICHNIS

	Seite
1. EINLEITUNG	1
2. ZIELE DER UNTERSUCHUNG	7
3. SYSTEMTECHNIK - METHODIKEN ZUR UNTERSUCHUNG KOMPLEXER SYSTEME	12
3.1 Zweck der Systemtechnik	12
3.2 Diskussion systemtechnischer Methoden im Hinblick auf ihre Anwendbarkeit für diese Untersuchung	16
4. DIE KYBERNETISCHE SIMULATIONSMETHODE SYSTEM DYNAMICS	20
4.1 Die Philosophie von System Dynamics	20
4.1.1 Feedback-Loops	20
4.1.2 Die Struktur von System Dynamics Modellen	22
4.2 Die Simulationssprache DYNAMO	24
4.2.1 Gleichungsarten und Rechenzyklus	24
4.2.2 Funktionen und Macros	27
5. NUTZEN UND GRENZEN DER MODELLSIMULATION	30
5.1 Anwendung von Modellen	30
5.2 Modellkonzipierung und Datenerfassung	32
5.3 Die Verifikation des Modells	34

6. MODELLANSÄTZE ZUR BESCHREIBUNG DER DYNAMISCHEN   36
   SUBSTITUTIONSPROZESSE ZWISCHEN DEN PRIMÄRENER-
   GIETRÄGERN

   6.1   Substitution im Primärenergiebereich   36
   6.2   Substitutionselastizität zur Beschrei-   39
           bung des Preis-Mengen-Verhältnisses
           zweier konkurrierender Produkte
   6.3   Der Preis und die Substitutionszeit als   42
           Determinanten zur Beschreibung der dy-
           namischen Preis-Mengen-Relation bei mehr
           als zwei konkurrierenden Produkten
   6.4   Ansätze zur Darstellung der Substitu-   46
           tionsdynamik bei mehreren verursachenden
           Faktoren mit Hilfe der Nutzwertanalyse

7. MODELLBESCHREIBUNG   56

   7.1   Die Grundstruktur des Modells   56
   7.2   Der Bevölkerungssektor   58
   7.3   Der Industriesektor   65
   7.4   Der Umweltsektor   69
   7.5   Der Rohstoffsektor   75
   7.6   Der Energiesektor   83
   7.6.1   Der Energieverbrauch   83
   7.6.2   Die Energiereserven   87
   7.6.2.1 Die Reserven an nicht reproduzierbaren   87
           Primärenergieträgern
   7.6.2.2 Die Potentiale der regenerativen Primär-   92
           energiequellen
   7.6.3   Die Energiekosten   94
   7.6.3.1 Der Energiekostenloop   94
   7.6.3.2 Die Primärenergieträgergewinnungskosten   96
   7.6.3.3 Die Energieträgernutzungskosten   98
   7.6.4   Verfügbarkeit und Nutzungseigenschaften   104
           der Primärenergieträger

8. SIMULATIONSLÄUFE		107
8.1	Das Grundverhalten des Modells	107
8.2	Strategien zur Vermeidung der Rohstoffkrise	111
8.3	Wie lange reichen die fossilen Energieträger?	118
8.4	Die Notwendigkeit des Kernenergieeinsatzes	123
8.5	Die regenerativen Energiequellen	139
8.6	Technologie und Wachstumsgrenzen	142
9. MODELLKRITIK UND WEITERENTWICKLUNG DES MODELLANSATZES		150
LITERATURVERZEICHNIS		153
STICHWORTVERZEICHNIS		164
ANHANG - Die vollständigen Modellgleichungen -		166

1. EINLEITUNG

- Wachsender Energiebedarf und seine Probleme -

Die moderne Industriegesellschaft kann mit einer komplizierten Maschine verglichen werden, die qualitativ hochwertige Energie in Abfallwärme umwandelt, um dadurch Nutzenergie für die Produktion einer enormen Vielfalt von Gütern und Dienstleistungen zur Verfügung zu stellen /2/. Dieser Vergleich mag die Abhängigkeit unserer hochindustrialisierten Konsumgesellschaft von einem ausreichenden und kostengünstigen Energieangebot verdeutlichen.

Energie wird definiert als die Fähigkeit Arbeit zu leisten. Die Mengen und Arten der Energien, die dem Menschen zur Verfügung standen, haben seine Lebensweise und seine Leistungen zu allen Zeiten entscheidend mitbestimmt. Je mehr Energie er sich nutzbar machen konnte, desto größer waren seine Leistungen und sein Wohlstand. "Die Energie und die aus ihr fliessenden Wohltaten, Licht, Wärme, Nahrung und Kleidung zeigen sich als technische Umwelt, ohne die der Prothesengott Mensch nicht existieren kann. Die Umwelt "Natur", deren früherer Ungestörtheit wir heute nachtrauern, enthüllt sich dagegen bei schwindender Energieproduktion als Feind, als Quelle von Kälte, Hunger und Krankheit" /1/. Energie in ihren verschiedenen Erscheinungsformen ist somit ein wichtiges Hilfsmittel des Menschen zur Veränderung seiner Umwelt im Sinne einer Steigerung seiner Lebensqualität. Obwohl dieses Bestreben nach Verbesserung der Lebensqualität in jüngster Zeit in aller Munde ist, ist es nicht erst heute von Interesse. Schon seit Urzeiten ist die Menschheit mit wechselndem Erfolg um eine Verbesserung ihrer Lebensbedingungen bemüht. Ein Ergebnis dieser Bemühungen ist die Entwicklung der modernen Technologie. Für den modernen, von der Technik abhängigen Menschen heißt "Qualität des Lebens" die Verwirklichung dessen, was gestern für viele nur ein Traum sein konnte, wie Abschaffung der schweren körperlichen Arbeit, größere individuelle

Freiheiten, wie mehr Freizeit und die Möglichkeit zu
Reisen und nicht zuletzt die Eröffnung neuer Dimensionen
menschlicher Kreativität /3/.

Wie jede zivilisatorische Aktivität hat auch die Nutzung
der Energie zur Verbesserung der Qualität des Lebens unerwünschte Nebenwirkungen. Es ist heute ein Punkt erreicht,
wo sichtbar wird, daß eine weitere Steigerung des Energieverbrauchs nicht ohne negative Auswirkungen auf andere Bereiche der menschlichen Umwelt bleibt. Diese Tatsache
allein rechtfertigt ein Infragestellen des weiteren exponentiellen Wachstums des Energieverbrauchs. Erforderlich
ist ein Vergleich und ein Abwägen des Nutzens und der Risiken eines weiter steigenden Energiebedarfs und seiner Deckung durch alternative Energieversorgungssysteme. Mit Risiken sind dabei sowohl die potentiellen Unfallrisiken bei
den immer komplizierter werdenden Energieumwandlungsanlagen
gemeint, wie auch verzögert oder erst langfristig wirksam
werdende Risiken, z. B. irreversible Änderungen unseres natürlichen Ökosystems.

Zwischen 1900 und 1975 stieg der Primärenergieverbrauch der
Welt von $,75 \times 10^9$ auf $8,08 \times 10^9$ tSKE/a. In vergangenen Jahrzehnten lag die durchschnittliche jährliche Steigerungsrate
bei 5 %. Würde dieser Zuwachs weiter anhalten, dann verdoppelt sich der Energieverbrauch alle 14 Jahre. Die Wucht
exponentiellen Wachstums mag folgendes Gedankenspiel verdeutlichen. Die gesamte weltweite Energieproduktion liegt
heute etwa in der Größenordnung von 0,01 % der Sonneneinstrahlung auf der Erdoberfläche. Nimmt man an, daß die zulässige obere Grenze des Energieverbrauches etwa 1 % der
Sonnenstrahlung beträgt, so wäre diese Grenze bei einem
weiter anhaltenden Wachstum von 5 % bereits nach 91 Jahren
erreicht. Die wohl kaum zulässige Anhebung der Grenze auf
10 % würde den Krisenzeitpunkt nur um weitere 47 Jahre hinausschieben können. Ungehemmtes Wachstum dieser Art stößt
früher oder später an Grenzen. Welches sind diese Grenzen,

sind sie durch die technische Entwicklung hinausschiebbar und
wann treten sie auf? Eine Antwort auf diese Fragen ist der
erste Schritt zur Lösung der langfristigen Energieversorgungsprobleme. Die erste Auswirkung des wachsenden Energiebedarfs,
der wohl auch für die nahe Zukunft anhalten wird, ist die Erschöpfung der fossilen Energieträger. Dies trifft insbesondere für die Energieträger Erdöl und Erdgas zu. Ihre nutzbaren Gesamtvorräte sind um eine Größenordnung kleiner als die
der Kohle. Die Erschöpfung dieser Energieträger hat natürlich
auch ökonomische Folgen. Die Gewinnungskosten werden durch
die mit zunehmender Erschöpfung schwieriger werdenden Abbaubedingungen steigen. Außerdem wird das Preisniveau auch noch
durch die Veränderung des Angebots- und Nachfrageverhältnisses
auf dem Weltmarkt unter Druck geraten. Erste Auswirkungen
sind schon für die unmittelbare Zukunft zu erwarten, wenn die
USA infolge Erschöpfung ihrer eigenen Rohölversorgungsbasis
gezwungen sind, als neuer Großnachfrager auf dem Weltmarkt aufzutreten.

Seit Beginn dieses Jahrhunderts vollzieht sich ein tiefgreifender Wandel in der Deckungsstruktur des Energieverbrauchs der
Welt. Die flüssigen fossilen Energieträger verdrängten die Kohle. Heute deckt die Kohle weltweit weniger als ein Drittel des
Gesamtbedarfs. Für die Zukunft ist mit ähnlich tiefgreifenden
Änderungen der Energieversorgungsstruktur durch das Vordringen
der Kernenergie zu rechnen. Nur wird das Ausmaß der Veränderungen bei weiter anhaltendem exponentiellen Wachstum Dimensionen erreichen, die an den Zu- und Ausbau der Energiegewinnung-, Energietransport-, Energieverteilungs- und Energieumwandlungsanlagen ungeheure Anforderungen stellen.

Wachsender Energiekonsum wird die Notwendigkeit der Beschäftigung mit den Umweltproblemen noch verstärken. Die Umwelteffekte
des Energieverbrauchs lassen sich klassifizieren in solche, die
durch technische Maßnahmen vermeidbar sind und solche, die
sich nur durch die Einschränkung des Energieverbrauchs selbst
vermeiden lassen. Die Energieerzeugung erfolgte und erfolgt

auch heute noch nornehmlich durch die Verbrennung fossiler
Energieträger, deren Verbrennungsprozesse zwangsläufig die
Atmosphäre belasten, wenn sie nicht, soweit dies überhaupt
möglich ist, durch geeignete technische Maßnahmen zurück-
gehalten werden. In Tab. 1 sind die Schadstoffemissionen in
der BRD, ihre Umwelteffekte und ihre Hauptursachen zusammengestellt.

Schadstoffe	Emission in 1970 10^6 t/a /4/	Umwelteffekte	Hauptverursacher
SO_2	3,7	Vegetations-schäden, Schädigung der menschlichen Atemwege u. von Bauwerken	fossile Kraftwerke, Hausbrand
NO_x	2,5	Smog-Bildung, Gesundheitsschäden	fossile Verbrennung in allen Bereichen
CO	9,7	Störung des Sauerstoffaustausches des Blutes	Verkehr
C_mH_n	2,2	Kanzerogene Substanzen, in Verbindung mit NO_2 verantwortlich für die Smog-Bildung	Verkehr, Industrie
Staub	1,5	Energiehaushalt der Erde, Schädigung der Atemwege	Fossile Kraftwerke, Haushalte

Tab. 1: Verbrennungsprodukte und ihre Umwelteffekte

Diese Emissionen fossiler Verbrennung lassen sich mit ent-
sprechendem technischen Aufwand nahezu völlig vermeiden. Dies
trifft für das bei der Verbrennung fossiler Energieträger
entstehende Kohlendioxyd (CO_2) nicht zu. Kohlendioxyd ist aber
auch kein Schadstoff im herkömmlichen Sinne, da es in den natürlichen Kohlenstoffkreislauf der Erde eintritt. Der natürliche Kohlenstoffkreislauf der Erde, gekennzeichnet durch die
Assimilation und Atmung, die Zersetzung der organischen Sub-
stanz, die CO_2-Menge in der Atmosphäre und die Lösung des CO_2
in den Meeren, befand sich seit Jahrtausenden in einem Gleich-

gewicht. Die Verbrennungsprozesse fossiler Substanzen, die im
Jahre 1970 etwa $1,6 \cdot 10^{10}$ t CO_2 in die Atmosphäre einbrachten (dies sind etwa 10 % der von der Biosphäre des Festlandes
umgesetzten Menge) führten seit 1900 zu einem stetigen Anstieg
der CO_2 Konzentration in der Atmosphäre. Infolge der Infrarot-
Absorptionsbanden des CO_2 wäre zu vermuten, daß die Erhöhung
der CO_2-Konzentration die Abstrahlung der Erdwärme vermindert
(sog. Treibhauseffekte), was, wenn dieser Effekt alleine wirksam wäre, eine Erhöhung der mittleren Durchschnittstemperatur
der Erde zur Folge hätte. Die globalen klimatischen Auswirkungen und ihre komplizierten dynamischen Zusammenhänge
zwischen zum Teil gegenläufigen Effekten wie CO_2-Konzentrationszunahme, zunehmende Verstaubung und erhöhte Wolkenbildung
der Atmosphäre, sowie die Veränderung der Reflektivität der
Erdoberfläche, sind heute noch nicht ganz geklärt. Sicher ist
nur, daß der Mensch durch die Verbrennung fossiler Energieträger im heutigen Umfang massiv in den natürlichen Haushalt
der Erde eingreift.
Die langfristig wohl größten Probleme radiologischer Umweltbelastung sind die Tritium- und Krypton-85-Emissionen sowie
die Behandlung der radioaktiven Abfälle. Hierfür wurden aber
in letzter Zeit Lösungsvorschläge gemacht, die annehmen lassen, daß sich diese Probleme beherrschen lassen /4, 5/.
Eine Grenze der Umweltbelastung, die sich nicht durch technische Maßnahmen verschieben läßt, ist die der thermischen
Belastbarkeit unseres Ökosystems. Wo aber die tolerierbare
Grenze der künstlichen Energiezufuhr ohne eine unzulässige
Störung des Energiehaushaltes der Erde liegt, ist noch völlig
ungeklärt. Sollte das exponentielle Wachstum des Energiebedarfs weiterhin anhalten, wird diese Grenze aber schnell
erreicht sein. Man kennt heute zwar einige offensichtliche
Störungen des Ökosystems, ist aber noch weit davon entfernt,
die Zusammenhänge und Wechselwirkungen in ihrer Gesamtheit
zu verstehen. Viele der langfristigen Probleme zukünftiger
Energieversorgung haben ihre Ursachen in anderen Bereichen
des Systems Mensch-Energie-Umwelt oder sie haben Auswirkungen

auf diese Bereiche, wie die oben erläuterten Umwelteffekte. Energieprobleme sind somit nicht isoliert, sondern nur in übergeordneten Zusammenhängen lösbar.

Es bedarf einer Gesamtanalyse mit dem Ziel der Erfassung aller relevanten Einflußgrößen und Wechselwirkungen sowie einer Gegenüberstellung und Wertung der positiven und negativen Effekte eines wachsenden Energiebedarfs und seiner Deckung durch alternative Energieversorgungssysteme unter ökonomischen, ökologischen und technischen Aspekten. Diese Forderung ist gewiß nicht leicht zu erfüllen, aber ist sie schon ausreichend? Bleibt nicht auch die Frage zu untersuchen, ob ein freiwilliger Verzicht auf heute Mögliches letztlich nicht die einzige Alternative zu einem erzwungenen Verzicht nachfolgender Generationen auf Lebensnotwendiges ist? In diesem Sinne ist die Sicherung der zukünftigen Energieversorgung mehr als ein technisch-ökonomisch-ökologisches Problem. Sie ist auch ein gesellschaftspolitisches und ethisches Problem, das vielleicht nur durch eine Evolution unseres materiell und ökonomisch fixierten Wertesystems lösbar ist.

2. ZIELE DER UNTERSUCHUNG

Die Entwicklung des Energieverbrauchs stieß in der Vergangenheit kaum an Grenzen, wie sie heute durch die Verknappung der Rohstoffe und durch die Belastung des Ökosystems sichtbar werden. Die langsame Zunahme des Konsums erforderte keine langfristige, gezielte und koordinierte Planung und Entwicklung des technologischen Fortschritts. Wachstumsbedingte Versorgungslücken waren kurzfristig vermeidbar. Diese Szenerie hat sich im zweiten Viertel dieses Jahrhunderts im wesentlichen durch das verstärkte exponentielle Wachstum des Energieverbrauchs, hervorgerufen durch eine stürmische industrielle Entwicklung und ein stetiges Bevölkerungswachstum, grundlegend gewandelt. Das exponentielle Wachstum stellt neue Anforderungen an den Ausbau der Energieversorgungssysteme. Neue Parameter wie Umweltschutz und Ressourcenverknappung kommen hinzu und erzwingen tiefgreifende Änderungen.
Noch wichtiger, jedoch kaum beachtet, ist die Tatsache, daß exponentielles Wachstum den Handlungsspielraum zur Einleitung von Maßnahmen und Entwicklungen zur Abwendung kritischer Zustände verkürzt. Die Zukunft ist kürzer als die Vergangenheit. Dies und die Begrenztheit der Mittel zur Schaffung der technologischen Voraussetzungen zur Vermeidung naturgegebener Engpässe erlauben kein Warten auf zufallsbedingte Entdeckungen, sondern erfordern eine langfristig geplante und gezielte Forschung und Entwicklung des Energiesystems, wenn katastrophale Versorgungsschwierigkeiten, irreversible Änderungen des Ökosystems und die Stabilisierung des gesamten Systems Mensch-Energie-Umwelt auf einem geringeren Niveau vermieden werden sollen. Wie vorher schon erläutert, kann exponentielles Wachstum des Energieverbrauchs nicht unbegrenzt weitergehen, es wird in einer endlichen Welt an Grenzen stoßen. Was weiß man aber über das Verhalten des Systems bei Annäherung an diese Grenzen? Kommt es zu einem katastrophalen Überschwingen oder erfolgt die Annäherung asymptotisch? Sicher ist nur, daß das dynamische Systemverhalten von großen Zeitkonstanten bestimmt

wird. Eine dieser wichtigen Zeitkonstanten ist die Entwicklungszeit neuer Großtechnologien, wie z. B. der Kernenergie, die oft Jahrzehnte in Anspruch nimmt. Erforderlich ist deshalb ein frühzeitiges Ergreifen von Maßnahmen, wie z. B. die Forcierung der technologischen Entwicklung vor Überschreiten des "point of no return". Notwendige Voraussetzung dazu aber ist die Kenntnis der langfristigen Entwicklungsmöglichkeiten, ihrer Grenzen und der Eingriffsmöglichkeit zur Steuerung des Systems. Bei genauer Betrachtung ergibt sich daraus die Notwendigkeit einer Untersuchung zukünftiger Energieversorgungsalternativen, die durchaus den Zeitraum eines Jahrhunderts umfassen muß. Allein die Analyse der Entwicklung über solch lange Zeiträume bietet die Möglichkeit zum rechtzeitigen Erkennen und zur Vermeidung von unerwünschten Entwicklungen. Das Spektrum der durch die natürlichen Gegebenheiten beschränkten möglichen Zukünfte ist groß. Zur Realisierung der gewünschten Entwicklungen bedarf es aber nicht nur der Bereitstellung der geeigneten Mittel und des nötigen Wissens, beides muß auch rechtzeitig verfügbar sein. Dies ist die Motivation für die Analyse der langfristigen Entwicklungen des Energiesektors im Rahmen dieser Arbeit.

Wie im vorangegangenen Kapitel erläutert, sind Energieprobleme nicht isoliert lösbar, denn sie stehen mit den anderen Elementen des Systems Mensch-Energie-Umwelt in einer dynamischen Wechselwirkung. Bevölkerungswachstum und industrielle Entwicklung sind z. B. die Ursachen für vermehrten Energiebedarf, der wiederum verändert unsere Umwelt. Voraussetzung für eine realistische Untersuchung der Energieprobleme ist deshalb eine holistische Betrachtungsweise, d. h. die Erfassung aller relevanten Einflußgrößen des Systems Mensch-Energie-Umwelt. Das Hauptziel dieser Arbeit ist deshalb darauf ausgerichtet, die Mechanismen der dynamischen Wechselwirkungen in dem komplexen System Mensch-Energie-Umwelt zu analysieren, um zu einem besseren Verständnis der Systemstruktur und des Systemverhaltens zu gelangen. Dieses Verständnis und die Kenntnis

der Konsequenzen und Auswirkungen von externen Eingriffen in
das System und von internen Veränderungen des Systems könnten
die Grundlage effektiverer Planungs- und Entscheidungshilfen
sein.
Dieses übergeordnete Ziel läßt sich in drei Teilziele unterteilen:

1. Untersuchung der Struktur und des Systemverhaltens

   Die Untersuchung der Systemstruktur und des Systemverhaltens umfaßt

   - die Festlegung der relevanten Systemelemente
   - die Bestimmung der Determinanten des Energiebedarfs
   - die Untersuchung der Zeitkonstanten
   - die Bestimmung der Wechselwirkungen und Rückkopplungsschleifen
   - die Erforschung der Substitutionsmechanismen zwischen den Primärenergieträgern
   - die Untersuchung der dynamischen Eigenschaften des Systems
   - die Ermittlung der sensiblen Systemparameter

2. Erforschung von Grenzsituationen und kritischen Zuständen

   Neben der Kenntnis des Normalverhaltens ist auch das
   Wissen von möglichen Ausnahmesituationen und kritischen
   Zuständen zur Beurteilung und Steuerung des Gesamtsystems
   notwendig. Teilziel 2 dient zur Beantwortung von folgenden Fragen:

   - Welche kritischen Systemzustände können auftreten?
   - Welches sind die Grenzen eines stetigen exponentiellen Wachstums des Energieverbrauchs?
   - Sind diese Grenzen hinausschiebbar ?
   - Wie verhält sich das System bei Annäherung an diese Grenzen ?

- Ist der Übergang in einen Gleichgewichtszustand möglich?

3. Erforschung von Eingriffen in das System

Hier sollen die Konsequenzen von politischen, ökonomischen und ökologischen Maßnahmen sowie die Auswirkungen von technologischen Änderungen und Innovation im Bereich des Energiesektors auf das Systemverhalten erforscht werden. Im Hinblick auf die Planungs- und Entscheidungshilfe ist es das wichtigste Teilziel. Es soll Informationen über die Steuerungsmöglichkeiten des Systems und damit Antworten geben auf Fragen wie:

- Ist das Nullwachstum des Energieverbrauchs langfristig notwendig?
- Wenn ja, wie läßt es sich erreichen?
- Durch welche Eingriffe lassen sich künftige kritische Zustände vermeiden?
- Welche technischen Innovationen sind notwendig, welche wünschenswert?
  (z. B. Einsatz nuklearer Prozeßwärme, Entwicklung von Brutreaktoren)
- Welche Folgen haben bestimmte politische, ökonomische und ökologische Maßnahmen (z. B. Besteuerungen, Subventionen)?

Aufgabe dieser Untersuchung, das sei ausdrücklich bemerkt, ist nicht eine Prognose des Energiebedarfs, der Umweltbelastung oder der industriellen Entwicklung. Sie will vielmehr erste Ansätze zu einer Gesamtanalyse der Wechselwirkungen des Systems Mensch-Energie-Umwelt entwickeln. Aus der Vielzahl der Probleme, die im Zusammenhang mit der Energienutzung stehen, wurden für diese erste Untersuchung die langfristigen globalen Problematiken ausgewählt, weil Regional- und Detailfragen effektiver und realistischer behandelt werden können, wenn die dominanten übergeordneten Entwicklungen bekannt sind.

Die Beschränkung auf die langfristigen globalen Entwicklungstendenzen kommt auch den heute noch bestehenden methodischen und statistischen Unzulänglichkeiten bei der Analyse derart komplexer Systeme entgegen. Gleichzeitig beschränkt sie aber auch die Aussagemöglichkeiten und die Informationsbreite der Untersuchung. Detailfragen, wie z. B. die Fragen zur Lösung konjunktureller Nachfrageschwankungen einzelner Energieträger oder zur Lösung regionaler Versorgungsprobleme lassen sich nicht beantworten, dazu ist der Ansatz nicht gemacht. Trotz vieler Vereinfachungen und einer nur begrenzten Zahl von berücksichtigten Einflußgrößen erscheinen im Sinne der Zielsetzungen Aussagen über die grundsätzlichen Wechselwirkungen, über mögliche kritische Zustände und über Strategien zur Vermeidung von Krisensituationen des Systems Mensch-Energie-Umwelt möglich.

3. SYSTEMTECHNIK - METHODIKEN ZUR UNTERSUCHUNG KOMPLEXER SYSTEME

3.1 Zweck der Systemtechnik

Zur Lösung der im vorangegangenen Abschnitt beschriebenen Aufgaben bedarf es adäquater methodischer Ansätze, die es gestatten, die Komplexität des Systems Mensch-Energie-Umwelt zu erfassen. Die in jüngster Zeit innerhalb der Systemtechnik bereitgestellten Methoden scheinen dazu besonders geeignet. Die Entstehungsursachen der Systemtechnik gehen zurück auf die großen technologischen Fortschritte dieses Jahrhunderts. Diese führten nicht nur zu einer Vervielfältigung der technischen Mittel, die dem Menschen zur Gestaltung seines Lebens zur Verfügung stehen, sondern auch zu einer Zunahme des Umfangs und der Komplexität der technischen Verfahren und Einrichtungen. Die ersten Erfolge konnte die Systemtechnik bei der Entwicklung der "Polaris-Rakete" und bei der termingerechten und reibungslosen Durchführung des Raumfahrtprogramms "Apollo" verbuchen. Dies führte schon bald zur Anwendung der Systemtechnik auf andere als rein technische Problemstellungen. Denn auch hier waren die Aufgaben und Fragestellungen derart komplex geworden, daß intuitive Planungs- und Entscheidungsmethoden nicht mehr ausreichten, die vielfältigen Relationen und dynamischen Wechselwirkungen zu erfassen. Hinzu kam der Effekt, daß die Folgen der oft singulären und isolierten Betrachtungsweise bei Problemlösungen in der Vergangenheit sichtbar wurden (z. B. das Umweltproblem). Unter diesen äußeren Bedingungen entwickelte sich die Systemtechnik rasch zu einem Instrumentarium, das wesentlich dazu beitragen kann, komplexe gegenwärtige und zukünftige sozio-ökonomisch-ökologisch-technische Systeme zu analysieren, ihr Verhalten zu erforschen, Eingriffsmöglichkeiten und ihre Auswirkungen aufzuzeigen. Sie schafft damit die Voraussetzungen für bessere Bewertungen und Entscheidungen. Es sei noch erwähnt, daß die Entwicklung der Systemtechnik in einem historischen Zusammenhang mit der Entwicklung der Computertechnik stand. Ohne leistungsfähige Rechenanlagen ist die Behandlung komplexer Systeme kaum möglich.

Die kurze stürmische Entwicklung der Systemtechnik und die mannigfältigen Anwendungsbereiche systemwissenschaftlicher Erkenntnisse mögen die Ursache der noch nicht scharf abgegrenzten Begriffsinhalte dieser Disziplin sein. Das erklärt auch den mehr oder weniger synonymen Gebrauch von Begriffen wie Systemforschung, Systemtechnik und Systemanalyse. Man muß sich allerdings auch fragen, ob die Fixierung der Begriffsinhalte in diesem frühen Stadium der Entwicklung für eine weitere fruchtbare Entwicklung nicht auch hinderlich sein kann. Dennoch kann die Abgrenzung und Definition von Begriffen, wenn sie keinen Absolutheitsanspruch erhebt, die Kommunikation wesentlich erleichtern. In diesem Sinne und bei vollem Bewußtsein, daß Definitionen und Einteilungsschemata nie perfekt sein können, sind auch die folgenden systematisierenden Bemerkungen und Begriffsdefinitionen zu verstehen.

Zunächst sollen einige der wichtigsten Begriffe definiert werden.

System	Abgegrenzte Anordnung einer Menge von Elementen mit bestimmten Zustandseigenschaften und einer Menge von Relationen zwischen diesen Elementen.
Relationen	Verknüpfungen zwischen den Elementen eines Systems.
Umgebung	steht in einer Wechselwirkung mit dem System, ohne dabei für die Funktionsfähigkeit des Systems erforderlich zu sein.
Systemstruktur	Elemente und Verknüpfungen zwischen den Elementen eines Systems.

Systemwissenschaft	Wissenschaft von komplexen Systemen.
Systemforschung	ist die auf die Gewinnung grundsätzlicher Erkenntnisse über die Struktur und das Verhalten von komplexen Systemen sowie auf die Entwicklung neuer Methoden zur Analyse, Planung, Optimierung und Realisierung komplexer Systeme ausgerichtete Tätigkeit.
Systemtheorie	beschäftigt sich mit den grundlegenden und formalisierbaren Eigenschaften von Systemen zur Aufstellung allgemeingültiger Gesetze für Systemklassen.
Systemtechnik	Die systematische Anwendung der Erkenntnisse und Methoden der Systemforschung und Systemtheorie auf konkrete komplexe Systeme in Theorie und Praxis.
Systemanalyse	Anwendung systemwissenschaftlicher Methoden zur Bestimmung der Struktur und des Verhaltens komplexer Systeme. Sie ist _eine_ der charakteristischen Phasen einer umfassenden systemtechnischen Untersuchung.

Ausgehend von diesen Begriffsdefinitionen läßt sich die Struktur der Systemwissenschaften schematisch wie in Abb. 1 darstellen.

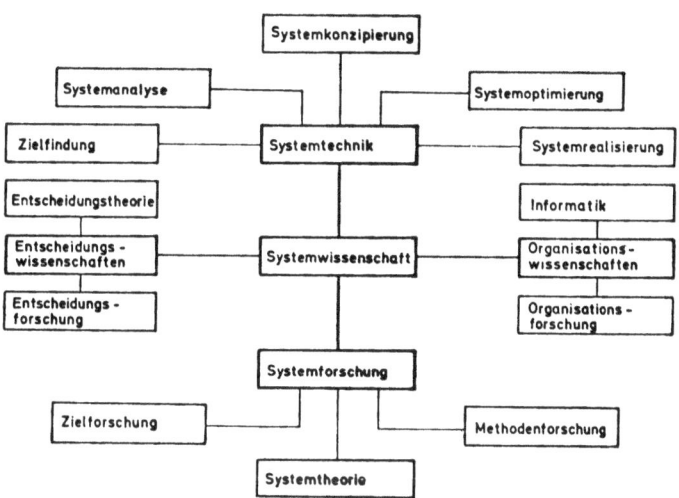

Abb. 1: Die Struktur der Systemwissenschaften

In diesem Einteilungsschema bildet die Systemwissenschaft den Überbegriff. Die beiden wichtigsten Zweige der Systemwissenschaft sind die Systemforschung und die Systemtechnik. Systemtechnische Methoden werden angewandt zur Zielfindung, zur Systemanalyse, zur Systemkonzipierung, zur Systemoptimierung und zur Systemrealisierung.

Dies soll als kurze, zum besseren Verständnis des Folgenden
aber notwendige, Erläuterung der Systemtechnik genügen. Zur
eingehenderen Information sei verwiesen auf /11, 12, 13, 9/.

3.2 Diskussion systemtechnischer Methoden im Hinblick auf ihre Anwendbarkeit für diese Untersuchung

In der kurzen Geschichte der Systemwissenschaft sind eine
beachtliche Zahl von Methoden zur Analyse komplexer Systeme
entwickelt oder von anderen Disziplinen übernommen und weiterentwickelt worden. Aus der Vielfalt der bekannten Methoden
sollen einige auf ihre Anwendbarkeit im Rahmen der Zielsetzungen
dieser Studie untersucht werden.

Die Input-Output-Matrix

Die Input-Output-Matrix stellt die wechselseitigen ab-
satzmäßigen (Output) Verflechtungen aller Produktions-
zweige eines Wirtschaftssektors oder der Wirtschaftssek-
toren untereinander dar. Da der Output des einen Industrie-
zweiges der Input eines anderen ist, werden so alle materiellen Verflechtungen quantitativ erfaßt. Diese Kenntnis der quantitativen Produktströme erlaubt auch die Beurteilung von Auswirkungen mengenmäßiger Änderungen dieser
Ströme.

Die Input-Output-Matrix kann aber nur die materielle Augen-
blickstruktur des Systems wiedergeben, sie ist statisch.
Eine Dynamisierung ist denkbar, aber mit großem Aufwand
verbunden. Die Input-Output-Matrix erfaßt nur Material-
ströme und keine Informationsströme, die die Entwicklung
eines Systems entscheidend beeinflussen. Die Datenbeschaffung ist schwierig und zeitaufwendig wegen oft anders
angelegter, nicht problembezogener Statistiken.

Optimierungsmethoden

Sie wurden zur Optimierung von Funktions- und Prozeßabläufen entwickelt. Dies erfolgt meistens mit Hilfe einer modellhaften (mathematischen) Darstellung des betreffenden Problems. Eine Zielfunktion wird unter der Berücksichtigung von restriktiven Nebenbedingungen optimiert. Die Lösung des Optimierungsproblems ist nicht für alle Arten von Zielfunktionen und Nebenbedingungen möglich.

Ziel ist das Auffinden <u>einer</u> optimalen Lösung. Die Untersuchung des dynamischen Systemverhaltens ist nicht möglich.

Prognosemethoden

Prognosen wollen mit Hilfe einer negativen Auslese unter den zukünftigen Entwicklungsmöglichkeiten diejenigen Entwicklungen eliminieren, die gestützt auf die gegenwärtigen Informationen und Kenntnisse als nicht wahrscheinlich gelten, um die wahrscheinliche Entwicklung vorherzusagen. Die statistischen Methoden der Zeitreihenanalyse, die in den explorativen Prognoseverfahren Anwendung finden, sind weit entwickelt. Sie können aber das eigentliche Prognoseproblem, die Ermittlung der sachlogischen Zusammenhänge und die Überprüfung ihrer zukünftigen Gültigkeit nicht lösen. Die intuitiven Prognoseverfahren Brainstorming, Scenario und die Delphi-Methode geben nur eine descriptive Beschreibung der Zukunft /11, 14, 15/. Die Prognoseverfahren werden benutzt zur Vorhersage zukünftiger Entwicklungen, für die Analyse des Systemverhaltens sind sie nicht geeignet.

Simulationsmethoden

Simulation ist die Nachahmung eines Effektes, eines Vorganges oder des Systemverhaltens durch wiederholtes Betreiben eines Modells mit verschiedenen Alternativen. Das Resultat der Simulation ist vermehrte Einsicht und ein besseres Verständnis der Abhängigkeiten und des Verhaltens

des untersuchten komplexen Systems. Sie produziert also
keine fertigen optimalen Lösungen, sondern ist Hilfsmittel
zur Ableitung zieladäquater Handlungsalternativen. Da es
sich dabei in der Regel um komplexe Probleme mit vielen
Variablen handelt, kann die Simulation praktisch nur mit
Hilfe einer elektronischen Rechenanlage durchgeführt
werden. Die Berücksichtigung aller relevanten Einflußgrößen eines komplexen Systems in einem Simulationsmodell
macht seine Formulierung in den meisten Fällen sehr zeit-
intensiv. Weitere Probleme, die bei der Arbeit mit
Simulationsmodellen auftreten, sind seine Verifikation und
die Datenbeschaffung.

Überprüft man die genannten Methoden hinsichtlich der Zielsetzungen dieser Untersuchung, so scheinen allein die Simulationsverfahren die methodischen Voraussetzungen für eine
umfassende Analyse des Systems Mensch-Energie-Umwelt zu erfüllen, deren Schwerpunkt in der Erforschung des Systemverhaltens liegt.

Aus vielen möglichen in der Literatur diskutierten Einteilungsschemata von Simulationsmethoden sei die folgende, im Rahmen
dieser Darstellung nützlichste, ausgewählt (Abb. 2).

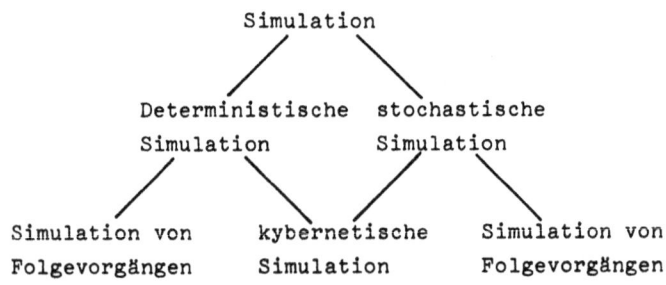

Abb. 2: Einteilung der Simulationsmethoden

Unter deterministischer Simulation versteht man die
rechnerische Nachbildung eines zeitlichen Prozesses, der
bei vorgegebenem Anfangszustand nach festgelegten Ablauf-
und Entscheidungsregeln erfolgt /16/, während die stochastische
Simulation die Erfassung von Zufallsereignissen mit Hilfe der
Monte-Carlo-Methode zum Ziel hat. Die Anwendungen dieser
Methoden in der Vergangenheit beschränkte sich meistens auf
die Darstellung der zeitabhängigen Veränderungen eines Systems,
während die Kräfte und Mechanismen, die diese Veränderungen
bewirkten, nicht erfaßt wurden. Im Sinne der Zielsetzungen
ist dies aber eine zentrale Forderung. Die Möglichkeit, die
verursachenden Faktoren in die Modellstruktur miteinzubeziehen,
bieten die aus der Regelungstechnik abgeleiteten kybernetischen
Simulationsmethoden. Unter den bekannten Simulationsverfahren
und Simulationssprachen /10, 16/ schien die von Jay W. Forrester
/6, 7/ entwickelte Methode des "System Dynamics" aufgrund
ihrer Ausgereiftheit und Benutzerfreundlichkeit für die Durchführung dieser Untersuchung besonders geeignet. Die Grundzüge
dieser Methode sollen im nächsten Kapitel beschrieben werden.

4. DIE KYBERNETISCHE SIMULATIONSMETHODE SYSTEM DYNAMICS

4.1 Die Philosophie von System Dynamics

4.1.1 Feedback-Loops

Entwickelt wurde System Dynamics(im folgenden mit S. D. abgekürzt) von Jay W. Forrester /6, 7/ als Anwendung regelungs- und entscheidungstheoretischer Erkenntnisse zur Untersuchung komplexer dynamischer Systeme. S. D. ist ein Theorie- und Methodengebäude, das erlaubt, die Struktur und das Verhalten von komplexen Systemen unter besonderer Berücksichtigung ihrer Feedback-Struktur zu analysieren und simulieren. Im Sinne dieser Definition werden unter komplexen Systemen nicht überschaubare rückgekoppelte Systeme verstanden, die z. B. aus ökonomischen, technischen, ökologischen oder sozialen Elementen aufgebaut sein können. Die Systemelemente stehen untereinander in einer Ursache-Wirkungsbeziehung. Bilden diese kausalen Verkettungen der Systemelemente einen geschlossenen Kreis, so liegt ein Feedback-Loop vor. Dies bewirkt, daß eine Änderung irgendeiner Einflußgröße innerhalb des Loops eine Reihe von Ereignissen nach sich zieht, die eventuell zu einem späteren Zeitpunkt Rückwirkungen auf die Variable haben, von der die Änderung ursprünglich ausging. Feedback-Systeme werden also von ihrer eigenen Vergangenheit beeinflußt. Fast alle rationalen Vorgänge oder Informationsmechanismen laufen in geschlossenen Feedback-Loops ab. Der Entscheidungsprozeß ist ein typisches Beispiel für einen derartigen Rückkopplungskreis (Abb. 3).

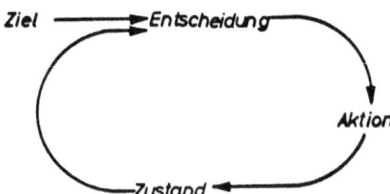

Abb. 3: Entscheidungsprozeß

Die verfügbare Information über den Zustand einer Systemgröße
wird mit dem gewünschten Zustand (Ziel) verglichen. Der Vergleich führt zu Entscheidungen, die ergebniskorrigierende
Aktionen einleiten, wodurch wieder der Zustand der Regelgröße
verändert wird. Dieser ideale kontinuierliche Transformationsprozeß von Informationen in Aktionen wird gewöhnlich von
Störungen und Verzögerungen beeinflußt, so daß die rückgekoppelte Information nicht den aktuellen Zustand der Regelgröße
wiedergibt. Den oben beschriebenen Entscheidungs-Loop bezeichnet man als negativ, weil die Rückwirkung auf die die Änderung
verursachende Loop-Variable der Änderung entgegengerichtet ist.
Negative Loops besitzen eine Regelungsfunktion und sind zielorientiert. Positive Feedback-Loops dagegen erzeugen Wachstum
oder Schrumpfung, weil die Rückwirkung der Änderung einer
Loop-Variablen die Änderung noch verstärkt. Einen einfachen
positiven Loop bilden z. B. die Größen "Kapital" und "Zinsertrag". Je mehr Kapital verzinst wird, desto höher sind die
Zinserträge, die wiederum das Kapital vermehren (exponentielles
Wachstum) (Abb. 4).

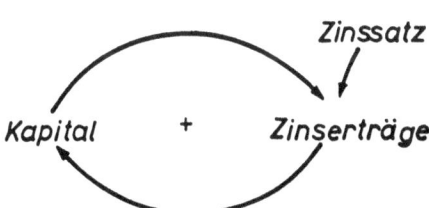

Abb. 4: Positiver Feedback-Loop

Diese Einloopstrukturen der beiden Beispiele sind die einfachsten Formen eines Feedback-Systems.

4.1.2 Die Struktur von System Dynamics Modellen

Komplexe Systeme haben eine Multiloopstruktur, d. h. sie bestehen aus einer Vielzahl miteinander vermaschter Regelkreise, deren Verhalten somit nicht mehr intuitiv überschaubar ist. Ihre Feedback-Struktur kann am besten durch die Zustandsgrößen des Systems (levels) und die diese Levels verändernden Raten (rates) dargestellt werden. Diese Rates wiederum werden durch Informationen über die Levels bestimmt. Unter Verwendung der dafür gebräuchlichen Symbole läßt sich die Grundstruktur von S. D. - Modellen wie folgt darstellen. (Abb. 5)

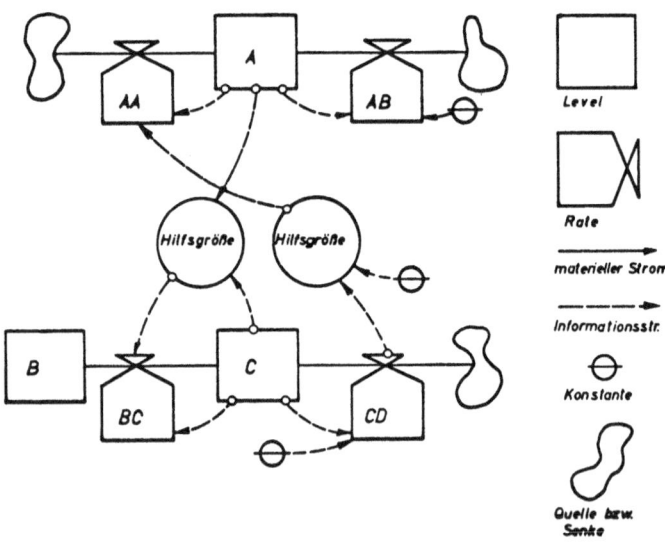

Abb. 5: Grundstruktur von System Dynamics-Modellen

Die Kreise stellen Hilfsgrößen dar. Sie sind keine autonomen Größen, sondern werden nur der Übersichtlichkeit wegen eingeführt. Konstante Größen werden durch einen Strich mit einem kleinen Kreis dargestellt. Die Zustandsgrößen werden, wie aus Abb. 5 ersichtlich, durch die Input- und Outputströme bestimmt. Ein einfaches Beispiel für einen Level ist die Wassermenge in einem Behälter, in den Wasser ein- und gleichzeitig ausfließt. War die Wassermenge zu einem Zeitpunkt bekannt, so kann durch Integration über den zeitlichen Zu- und Abfluß die Wassermenge zu jedem anderen Zeitpunkt berechnet werden. Die Ströme kennzeichnen den Transport des Inhaltes eines Levels zu einem anderen oder in eine Senke hinein bzw. aus einer Quelle heraus. Rates regulieren die Ströme. Sie bestimmen sich aus den verfügbaren Informationen und beinhalten die Motivation einer Entscheidung. Solche Informationen können auch der Verarbeitung des Wertes einer Konstanten oder Hilfsgröße entstammen. Unterschiedliche Ströme sind streng voneinander zu trennen. Wie in anderen Strömen, so können auch in Informationsströmen Levels auftreten, eine solche Ansammlung von Informationen kann z. B. als Erkenntnisgrad interpretiert werden.

Zur Simulation eines Feedback-Systems auf einem Digitalrechner wird ein Gleichungssystem benötigt, das die Struktur des Systems abbildet. Die mathematische Beschreibung eines solchen kontinuierlichen Modells erfolgt durch ein System nichtlinearer gekoppelter Differentialgleichungen mit der Angabe eines Anfangszustandes. Die Behandlung dieses Gleichungssystems auf dem digitalen Rechner erfolgt approximativ durch gekoppelte Differenzengleichungen, die für ein diskretes Zeitintervall gelöst werden. Die numerische Simulation von System Dynamics-Modellen kann prinzipiell mit den bekannten Programmiersprachen, z. B. FORTRAN, erfolgen. Es existiert aber eine eigens zur Vereinfachung der mathematischen Behandlung von S. D. - Modellen entwickelte problemorientierte Simulationssprache, die in den nächsten Abschnitten genauer beschrieben wird.

4.2 Die Simulationssprache DYNAMO

Von einer leistungsfähigen, problemorientierten Programmiersprache zur Behandlung von S. D. - Modellen auf Digitalrechnern müssen folgende Anforderungen erfüllt werden:

> einfache Anwendbarkeit
> geringer Speicherplatzbedarf
> geringe Rechenzeit

Eine Programmiersprache kann dann als ideal problemorientiert bezeichnet werden, wenn in ihrem Aufbau die gesamte innere Logik des zu behandelnden Problems verarbeitet wurde. Diese Voraussetzungen sind bei DYNAMO gegeben und werden auf folgende Art verwirklicht.

4.2.1 Gleichungsarten und Rechenzyklus

Da nichtlineare gekoppelte Differentialgleichungen in Form von Differenzengleichungen gelöst werden sollen, werden Zeitintervalle gleicher Größe DT betrachtet. Daraus ergeben sich drei Berechnungszeitpunkte, Vergangenheit, Gegenwart, Zukunft, die mit J, K, L in ihrer Reihenfolge festgelegt werden und die Zeitintervalle JK und KL abgrenzen. Jede auftretende Variable wird durch den entsprechenden Zeitpunkt oder das entsprechende Zeitintervall gekennzeichnet und erhält damit ihren zeitlichen Bezug in der Form ABC.K oder DEF.JK usw., wobei die Variablen mit bis zu 7 alphanumerischen Zeichen belegt werden können. Als Variable können auftreten

> Zustandsgrößen (levels)
> Änderungsraten (rates)
> Hilfsgrößen (auxiliarus)

Entsprechend werden die Gleichungen unterschieden und in der ersten Spalte der Lochkarte gekennzeichnet. Zustandsgleichungen (level equations) werden mit einem L gekennzeichnet. Der Wert

eines Levels wird für die Gegenwart (Zeitpunkt K) berechnet.
Dabei steht die Größe des Levels aus der Vergangenheit (Zeitpunkt J) zur Verfügung sowie die Größen der Zu- und Abflußraten
im vergangenen Zeitintervall JK. Zusätzlich kann man Hilfsgrößen
der Vergangenheit benutzen. Die Gleichung

$$L\ POP.K = POP.J + DT \cdot (BR.JK - DR.JK)$$

mit POP = Bevölkerungszahl /cap/, BR = Geburtenrate / $\frac{cap}{a}$ /

DR = Sterberate/ $\frac{cap}{a}$ /, DT = Zeitintervall /a/

ist ein typisches Beispiel für eine Zustandsgleichung. Die
Anzahl der Bevölkerung am Ende eines Zeitintervalls ist gleich
der Anzahl der Bevölkerung zu Beginn des Zeitintervalls vermehrt um das Produkt aus der Größe des Zeitintervalls mit der
Differenz zwischen Geburten- und Sterberate, die über das
Zeitintervall konstant gehalten wurden.
Damit wird die Integralgleichung

$$POP(t) = POP(t = T_1) + \int_{T_1}^{t} (BR(t) - DR(t))dt$$

angenähert. Hieraus ist ersichtlich, daß der richtigen Wahl
des Zeitintervalls DT die größte Bedeutung zukommt. Es ist
wie bei jeder Diskretisierung kontinuierlicher Vorgänge ein
Kompromiß zwischen der erforderlichen Genauigkeit und der vertretbaren Rechenzeit zu schließen.

Ratengleichungen werden mit einem R gekennzeichnet. Sie werden
jeweils für das zukünftige Zeitintervall KL berechnet. Zur Verfügung stehen die Werte der Zustands- und Hilfsgrößen der Gegenwart sowie die der Raten des Zeitintervalls JK.
Beispiel:

$$R \quad STR.KL = \frac{BEV.K}{ZEIT}$$

STR = Sterberate, BEV = Bevölkerung,
ZEIT = durchschnittliche Lebensdauer

Hilfsgleichungen werden mit einem A gekennzeichnet und für die
Gegenwart berechnet. Konstante (C), Anfangswertgleichungen (N)
und Ergänzungsgleichungen (S) werden analog gekennzeichnet.

Die Reihenfolge der Berechnung ist in Abb. 6 schematisch dargestellt. Die Pfeile geben an, welche Informationen zur Verfügung stehen.

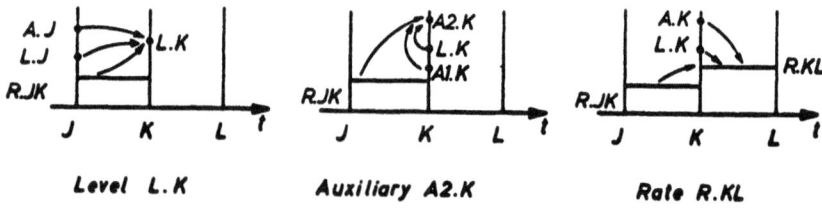

Abb. 6: Die Reihenfolge der Berechnung /18/

Zuerst werden die Zustandsgrößen, dann die Hilfsgrößen und
zuletzt die Änderungsraten berechnet. Da bis auf die Hilfsgrössen jeweils nur Informationen der Vergangenheit zur Berechnung
der Werte verwendet werden, ist die Anordnung dieser Gleichungen im Programm beliebig. Die Hilfsgleichungen müssen ihrer
logischen Reihenfolge entsprechend angeordnet werden. Sind
alle Werte berechnet, werden die Zeitpunkte auf die Zeitachse
um ein Zeitintervall DT in positiver Richtung verschoben, und
der Rechenzyklus beginnt von neuem. Dabei werden die alten
Werte von den neuen überschrieben, so daß der Speicherplatzbedarf auch bei großen Modellen gering gehalten werden kann.

4.2.2 Funktionen und Macros

Eine einfache Handhabung ermöglichen weiterhin die eingebauten
Funktionen (COS, EXP, LOG, SQRT usw.) und verschiedene Arten
von Macros, die sich in vier Kategorien aufteilen lassen. Value
selection macros ermöglichen unter anderem Maximum-Minimum-Abfragen und die Definition von Zusammenhängen durch Tafelfunktionen.
Time triggered macros können zu bestimmten Zeitpunkten Sprungfunktionen, Impulse usw. auslösen.
Curve shaping macros ermöglichen Zeitverzögerungen und Durchschnittsbildungen.
Random numbers macros gestatten die Simulation von Zufallsereignissen.
Außerdem können eigene Macros verwendet werden. Ihre Definition
erfolgt am Anfang des Programms, ihr Aufruf geschieht analog zu
dem der eingebauten Standard-Macros, wie der im folgenden beschriebenen Verzögerung 1. Ordnung. Zeitverzögerungen bestimmen
das Verhalten von Feedback-Loops entscheidend. Sie können immer
als Kombination von Änderungsraten und Zustandsgrößen dargestellt werden (Abb. 7).

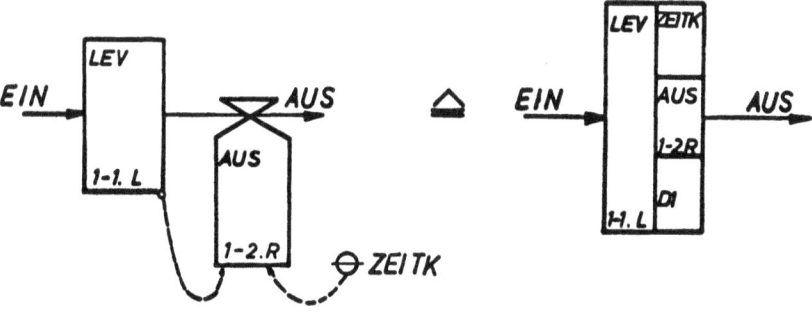

Abb. 7: Verzögerungen 1. Ordnung nach /7/

Der Aufruf einer Verzögerung 1. Ordnung erfolgt in einfacher
Form:

R   AUS.KL = DELAY1 (EIN.JK,ZEITK)

Hierdurch wird die Differentialgleichung

$$\tau \cdot \dot{x} + x = y$$

beschrieben. Dabei entsprechen sich ZEITK und τ, y und EIN,
x und AUS.

Tafelfunktionen ermöglichen auf eine sehr einfache Weise die
Herstellung eines funktionalen Zusammenhangs zwischen zwei
Variablen. Der Aufruf erfolgt in der Form

A   Y.K = TABLE (YTAB,X.K,A,E,S)

Dabei sind X die unabhängige Veränderliche, Y die abhängige
Veränderliche, A der kleinste Wert, E der größte Wert und S
die Schrittweite von X.YTAB ist der Name der Tafelfunktion,
deren Werte auf einer gesonderten mit einem T gekennzeichne-
ten Lochkarte festgelegt werden.
Zum Beispiel (Abb. 8).

T   YTAB = 3/4/6/10/10

Zwischenwerte werden linear interpoliert

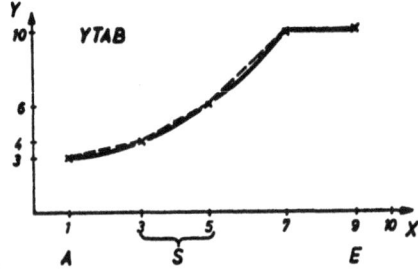

Abb. 8: *Ein Beispiel für eine Tafelfunktion*

Bereits oben wurde erwähnt, daß der richtigen Wahl des Zeitintervalls DT große Bedeutung zukommt. Als Anhaltspunkt kann man davon ausgehen, daß DT kleiner als die Hälfte der kleinsten auftretenden Zeitkonstanten einer Verzögerung 1. Ordnung (1/6 der Zeitverzögerung eines DELAY3) sein muß.
In Abb. 9 ist die Einheitssprungantwort einer Verzögerung 1. Ordnung für verschiedene Verhältnisse von DT/ZEITK wiedergegeben.

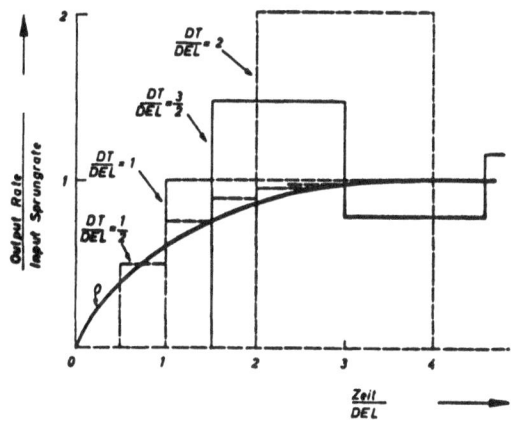

Abb. 9: Einheitssprungantwort einer Verzögerung
1. Ordnung mit DT/DEL als Parameter
(DT = Lösungszeitintervall, DEL = Zeitkonstante)
nach /7/

Es ist ersichtlich, daß eine vernünftige Näherung nur durch DT/DEL $\leq \frac{1}{2}$ erreicht wird.
Eine ausführlichere Beschreibung von System Dynamics wird in /6, 7, 9, 18/ gegeben.

5. NUTZEN UND GRENZEN DER MODELLSIMULATION

5.1 Anwendung von Modellen

Ein Modell ist immer ein mehr oder weniger vereinfachtes Abbild eines realen oder gedachten Systems. Dies gilt natürlich auch für jedes Simulationsmodell. Diese vermeintliche Unzulänglichkeit der unvollständigen Abbildung eines Systems durch ein Modell erlaubt es aber gerade erst, das System genauer zu erforschen. Dies gilt für reale Systeme, die selbst nicht operationalisierbar sind. Bei Systemen, die gedacht oder geplant, also noch gar nicht existent sind, ist die Benutzung eines Modells unumgänglich. Man ist sich oft nicht bewußt, daß den meisten menschlichen Entscheidungen Modelle zugrundeliegen. Die Modelle, die man täglich benutzt, sind meist gedanklich qualitativer Art. Man hat also im Grunde nicht die Wahl zwischen der Benutzung oder Nichtbenutzung von Modellen, sondern nur zwischen alternativen Modellen. Die Gedankenmodelle, die man sich von seiner Umwelt macht und deren Verhalten man gedanklich durchdringen kann, sind infolge der quantitativ beschränkten Speicherungsfähigkeit unseres Gehirns nur eine grobe Vereinfachung der komplexen Realität. Überschreitet die Komplexität des Systems ein gewisses Maß, das ist bei Feedback-Systemen mit wenigen Variablen schon der Fall, so ist das menschliche Denk- und Speichersystem mit der Behandlung adäquater Modelle schon überfordert. Man hat nun versucht, diese offensichtliche Schwäche der menschlichen Geisteskraft zu umgehen, indem man große Systeme in Teilsysteme aufteilte und diese studierte, um Erkenntnisse über das Gesamtsystem zu erhalten. Diese Vorgehensweise ist aber sehr beschränkt in ihrer Aussagemöglichkeit, da das Zusammenwirken der Teilsysteme nicht erfaßt wird. Mit der Entwicklung der elektronischen Rechenanlagen bot sich dem Menschen die Gelegenheit, das Handikap seiner unzureichenden Speicherfähigkeit durch einen externen Speicher auszugleichen. Gleichzeitig nimmt er ihm auch die stupiden Rechenoperationen ab. Der wichtigste Effekt beim Übergang von verbalen Gedankenmodellen zu quantitativen Modellen,

die mit Hilfe des Computers gehandhabt werden, ist aber der
Zwang zur mathematischen Formulierung der im Modell zugrundegelegten Annahmen und Zusammenhänge. Damit sind zwei wichtige
Fortschritte für die Modellsimulation verbunden. Erstens zwingt
die mathematische Formulierung zu einer exakteren und tiefergehenden Analyse der Systemstruktur und der Systemrelationen.
Zweitens werden die Annahmen und Zusammenhänge fixiert und
können somit unter Vermeidung der bei verbalen Modellen oft
auftretenden Mißverständnisse diskutiert werden.

Die logischen Konsequenzen der dem Modell zugrundeliegenden
Hypothesen und Verknüpfungen werden dann mit Hilfe der elektronischen Rechenanlage quantitativ ermittelt. Die Zuhilfenahme
des Computers erlaubt es, die intuitiven und kreativen Fähigkeiten des Menschen voll auf die Modellkonzeption und die
kritische Analyse und Auswertung der Ergebnisse zu konzentrieren.
Der Schlüssel zum Erfolg ist nicht der Computer, sondern ein
Modell, das die Realität im Sinne der Zielsetzungen optimal
abbildet. Aber auch diese quantitativen Modelle sind nur eine
Nachbildung des Systems. Sie stellen zweifelsohne aber eine
Simplifikation auf einem höheren Niveau als Gedankenmodelle
dar. Der Wert eines Modells ist jedoch nicht umgekehrt proportional seiner Vereinfachung der komplexen Realität, sondern
ist an den Zielen der Simulation und an der Bedeutung dieser
Ziele in einem übergeordneten Zusammenhang zu beurteilen.
Die Grenzen der Modellbildung liegen heute weniger in den rechentechnischen Voraussetzungen zur Behandlung großer komplexer
Systeme, als in der mangelnden Erfahrung mit der Konstruktion
großer Modelle und der unzureichenden Kenntnis der komplexen
Systemstrukturen.

5.2 Modellkonzipierung und Datenerfassung

Der Modellierungsprozeß selbst ist ein iterativer Rückkopplungsprozeß, an dessen Anfang die Problemdefinition und die Zielfindung stehen. In Abb. 10 ist dieser dynamische Ablauf mit seinen Wechselwirkungen schematisch dargestellt.

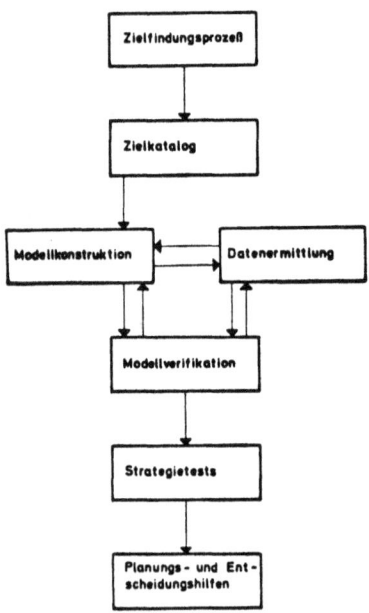

Abb. 10: Schematischer Ablauf der Modellsimulation

Vielfach wird angenommen, der erste Schritt bei der Erstellung eines Modells bestehe in intensivem Studium von statistischem Material. Für den ersten Entwurf der Modellstruktur genügt meist jedoch schon die verfügbare beschreibende Information. Ist ein-

mal die grundlegende Konzeption für das Modell geschaffen, wird
deutlich, an welchen Stellen welche Daten erforderlich sind. Ist
das Datenmaterial zur quantitativen Festlegung einiger Größen
und Zusammenhänge nicht ausreichend, so können in einer Sensitivitätsanalyse die Auswirkungen dieser unzureichenden Datenbasis ermittelt und daraus die Notwendigkeit der Verwendung
fundierteren Zahlenmaterials abgeleitet werden.
Diese iterative Vorgehensweise zwischen Modellerstellung und
Datensammlung widerspricht dem weitverbreiteten Vorurteil,
daß ein mathematisches Modell erst dann verwendet werden kann,
wenn jede Konstante und jede Relation genau bekannt sind. Dies
hat dann schwerwiegende Folgen, wenn nicht genau bekannte,
schwer quantifizierbare Relationen - diese treten gerade in
komplexen Systemen mangels nicht problembezogener Statistiken
auf - weggelassen werden und ihnen somit kein Effekt zugebilligt wird. Dies aber ist der einzige Effekt, den sie sicher
nicht haben.

Der zur Datenerfassung erforderliche Aufwand hängt natürlich
weitgehend von den Zielsetzungen des Modells ab. Die möglichst
reale Erfassung eines Systems in einem Modell erfordert mehr
Aufwand bei der Datenermittlung als eine Untersuchung, die
lediglich die Kenntnis der Systemstruktur und des Systemverhaltens vertiefen will. Der Zusammenhang zwischen der Realitätsbezogenheit eines Modells, seiner Aussagekraft, den Modellsimulationskosten und dem Nutzen des Modells ist qualitativ
in Abb. 11 dargestellt.

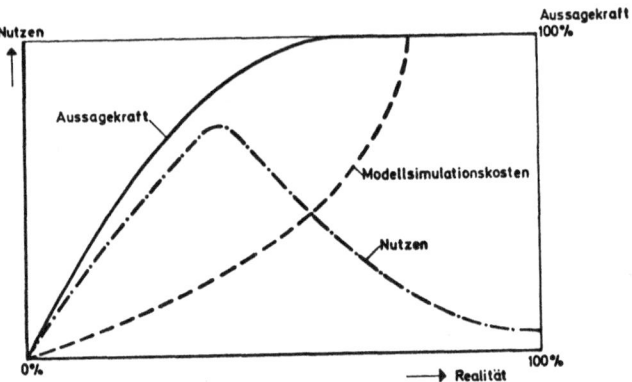

Abb. 11: Nutzen der Modellsimulation

Die Maximierung des Nutzens einer Modelluntersuchung ist also nicht gleichbedeutend mit einer möglichst realitätsgetreuen Abbildung der Realität durch das Modell.

5.3 Die Verifikation des Modells

Im Anschluß an die Strukturierung eines Modells stellt sich die Frage nach seiner Gültigkeit. Simulationsmodelle sind, wie vorher schon erläutert, formale Abbildungen komplexer Systeme. "Modelle können, genau genommen, also nur zu Aussagen über die Modelle selbst und die in ihnen enthaltenen Theorien führen. Die Gültigkeit der Aussagen auch für das System muß gesondert nachgewiesen werden" /26/. Dies ist die Aufgabe der Modellverifikation. Eine absolute Verifikation ist schon wegen der Vereinfachungen des Modells gegenüber der Realität nicht möglich. Die Gültigkeit eines Modells ist auch in Zusammenhang mit den Zielsetzungen der Modellstudie zu beurteilen.

Für eine Teilverifikation des Modells bieten sich folgende
Möglichkeiten an:

- Die rationale und logische Überprüfung der Modellstruktur sowohl im Hinblick auf die Erfassung aller relevanten Einflußgrößen als auch im Hinblick auf die zugrundegelegten Relationen zwischen den Modellgrößen. An diesem Test auf logische Fehler in der Modellstruktur sollen auch Fachleute beteiligt sein, die bei der Modellerstellung nicht mitgewirkt haben.

- Die Reproduktion des Systemverhaltens in der Vergangenheit. Ein positiver Test allein bietet keine Gewähr für die Gültigkeit des Modells.

- Untersuchung des Systemverhaltens in Ausnahmesituationen. Falsche Modellzusammenhänge führen gerade in Ausnahmesituationen zu einem unlogischen und unerklärbaren Modellverhalten.

6. MODELLANSÄTZE ZUR BESCHREIBUNG DER DYNAMISCHEN SUBSTITUTIONSPROZESSE ZWISCHEN DEN PRIMÄRENERGIETRÄGERN

6.1 Substitution im Primärenergiebereich

Innerhalb der Energiewirtschaft sind die Substitutionsprozesse zwischen den Energieträgern wegen ihrer weitreichenden strukturellen und wirtschaftlichen Auswirkungen von besonderer Bedeutung. Der seit mehr als einem Jahrzehnt andauernde Substitutionsprozeß der heimischen Steinkohle durch die Energieträger Erdöl und neuerdings auch durch das Erdgas hat dies mit seinen folgenschweren ökonomischen, sozialen und regionalpolitischen Auswirkungen deutlich gezeigt. Aus diesem Grunde ist der Substitutionsmechanismus zwischen den Primärenergieträgern ein Schwerpunkt der Untersuchung. Vor der Beschreibung des Gesamtmodells sollen in diesem Kapitel Modellansätze zur Darstellung der dynamischen Substitutionsprozesse im Primärenergiebereich entwickelt werden. Kompliziert wird diese Aufgabe durch die Tatsache, daß die komplexen Interdependenzen der die Substitution verursachenden Faktoren meist eine strenge Kausalität von Ursache und Wirkung nicht direkt erkennen lassen. Abb. 12 zeigt schematisch den Prozeß der Energieumwandlung von den Primärenergien bis hin zu den Nutzenergien. Auf jeder Energiestufe vollziehen sich zeitabhängige Substitutionsvorgänge, deren determinierende Faktoren durchaus verschieden sein können. Untersucht man die Substitutionsmöglichkeiten der einzelnen Energieträger in den verschiedenen Umwandlungsstufen, so stellt man fest, daß infolge der modernen Technologien der Energieumwandlung der Nutzenergiebedarf durch verschiedene Primärenergieträger gedeckt werden kann, d. h. eine vollständige Substituierbarkeit der Primärenergieträger untereinander kann unterstellt werden. Diese Hypothese erscheint umso berechtigter, je langfristiger der Betrachtungszeitraum ist, da auf lange Sicht die Möglichkeit besteht, neue Umwandlungstechnologien zur Beseitigung bestehender Substitutionsgrenzen zu entwickeln. Beispiele hierfür sind die Entwicklung der Kohlevergasung und die nukleare

Wasserspaltung. Ein Beispiel für eine technisch realisierbare
vollständige Substituierbarkeit der Primärenergieträger ist
die Stromerzeugung. Strom läßt sich mit verschiedenen Umwandlungsverfahren, z. B. über Turbinen, Solarzellen usw. aus
allen Primärenergieträgern erzeugen.

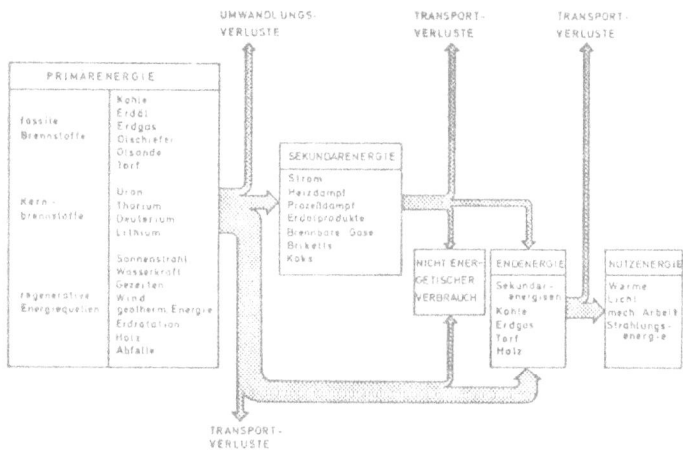

Abb. 12: *Energieumwandlungsschema nach /60/*

Zur Beschreibung der Substitutionsvorgänge ist neben der
Kenntnis der Substitutionsmöglichkeit auch die Kenntnis der
Antriebskräfte der Substitution erforderlich. Diese Antriebskräfte oder Determinanten sind nicht rein objektiver, sondern
teilweise subjektiver Natur und damit einer quantitativen Beschreibung schwieriger zugänglich. Es erscheint aber nicht vertretbar, sie deshalb aus den Betrachtungen auszuklammern und
ihre Wirkungen und Einflüsse nur wegen der Problematik ihrer
Quantifizierung nicht zu erfassen.

Die Substitutionsmotivationen sind genau wie die Substitutionsmöglichkeiten nicht für alle Energieumwandlungsstufen gleich sondern von den Energienachfragern abhängig. Ein EVU motiviert die Wahl eines Primärenergieträgers anders als ein Bauherr, der über die Art der Heizung seines Hauses zu entscheiden hat. Die folgende Tabelle enthält ohne Anspruch auf Vollständigkeit einige Faktoren, die bei der Auswahl eines Energieträgers wirksam sein können.

Energiekosten	Gewinnungs- und Transportkosten der Primärenergieträger, Kapitalkosten für die Energiewandlung, Betriebskosten, Lagerkosten, Verteilungskosten
Verfügbarkeit	Vorräte an Primärenergieträgern, Importabhängigkeit
Nutzungseigenschaften	Bequemlichkeit, Sauberkeit, Lagerhaltung, Betriebssicherheit, Verbrennungstemperatur
polit. Maßnahmen	Besteuerung, Subventionierung

Tab. 2: Einflußfaktoren bei der Auswahl von Energieträgern

In den folgenden Abschnitten werden verschiedene methodische Ansätze zur sachlogischen Beschreibung von Substitutionsvorgängen dargestellt.

6.2 Substitutionselastizität zur Beschreibung des Preis-Mengen-Verhältnisses zweier konkurrierender Produkte

Zur Beschreibung der Entwicklung des Verbrauchsmengenverhältnisses zweier substituierbarer Produkte (z. B. Kohle und Heizöl) in Abhängigkeit von der Entwicklung des Preisverhältnisses bedient man sich in der Ökonometrie oft der Substitutionselastizität /20, 21, 22, 23/. Anschaulich gibt sie an, wie sich das relative Mengenverhältnis zweier Substitute bei einer Änderung des relativen Preisverhältnisses entwickelt. Die Mengenentwicklung wird also als Funktion des Preisverhältnisses erklärt

$$\frac{m_A}{m_B} = f\left(\frac{p_A}{p_B}\right) \qquad (1)$$

Damit ergibt sich formal für die Definition der Substitutionselastizität

$$\eta_s = \frac{d\left(\frac{m_A}{m_B}\right)}{\frac{m_A}{m_B}} : \frac{d\left(\frac{p_A}{p_B}\right)}{\frac{p_A}{p_B}} \qquad (2)$$

Zur Anwendbarkeit dieses Verfahrens ist es notwendig, die mathematische Form des Zusammenhangs zwischen Preis- und Mengenverhältnis Gl. (1) zu bestimmen. Gerfin /23/ schreibt dazu: "In der überwiegenden Mehrzahl der bisherigen Anwendungsfälle haben sich Hyberbeln mit rechtwinkligen Asymtoten als gute Annäherung erwiesen."
Macht man einen hyperbolischen Ansatz, so erhält man

$$\frac{m_A}{m_B} = a + \frac{b}{\frac{p_A}{p_B} - c} \qquad (3)$$

für die Abhängigkeit des Mengen- vom Preisverhältnis.

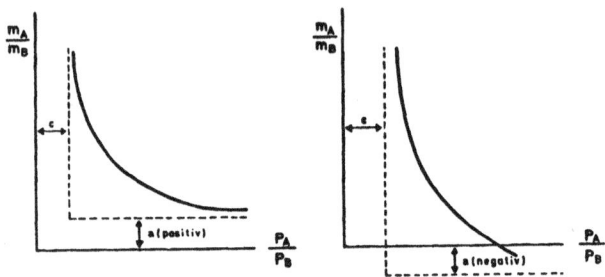

*Abb. 13: Zwei mögliche hyperbolische Preis-Mengen-Relationen
/22/*

Die Konstante c gibt dasjenige Preisverhältnis an, bei dem nur noch Produkt A abgesetzt wird, während die Konstante a, sofern sie positiv ist, diejenige Absatzmenge von Produkt A angibt, die auch bei beliebig hohen Preisen abgesetzt werden kann.
Ein formaler Nachteil dieses Ansatzes liegt darin, daß eine geschlossene statistische Bestimmung der Konstanten in Gl. (3) nicht möglich ist.
Ausgehend von einer Schätzung für c, bestimmt man z. B. mit der Methode der kleinsten Quadrate die Parameter a und b. Anschließend versucht man durch die Variation von c den besten statistischen Zusammenhang (mittels der Berechnung des Korrelationskoeffizienten) zu bestimmen.
Auf die Problematik dieser Vorgehensweise hat Zimmermann hingewiesen /21/.

Der Haupteinwand gegen die Verwendung dieses Ansatzes ist die Korrelation mit nur einem erklärenden Faktor und die fehlende Berücksichtigung der Dynamik der Substitutionsprozesse, die bedingt sind durch die nur langsame Umstellbarkeit der Anlagen. Betrachtet man diese Umstellung auf einen anderen Energieträger, so wird der Verbraucher dann die Umstellung vornehmen, wenn dies für ihn z. B. wirtschaftlich ist. Das wird aber nur selten unmittelbar nach einer Verschiebung des Preisverhältnisses sein, sondern in der Regel von dem Zustand (Alter) seiner Anlage abhängen.

Ein Beispiel wie unzureichend die alleinige Beschränkung auf die Preisrelation als erklärender Faktor ist, liefert die Entwicklung des Heizöl-Kohle-Absatzverhältnisses in Frankreich.

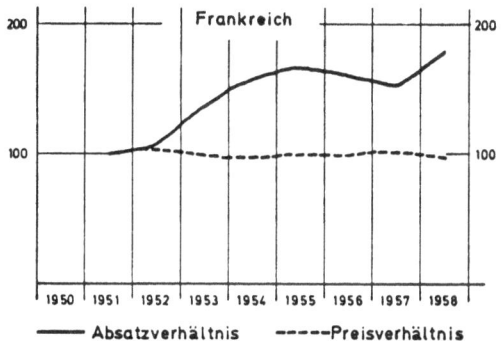

Abb. 14: *Entwicklung des Heizöl-Kohle-Absatzverhältnisses und des Preisverhältnisses in Frankreich /21/*

Trotz nahezu konstanter Preisrelation veränderte sich das Mengenverhältnis erheblich zugunsten des Heizöls. Hier müssen also neben der Preisentwicklung noch andere Faktoren wirksam gewesen sein. Es zeigt sich also, daß die formal recht elegante

Hypothese, das Preisverhältnis als einzige Determinante des
Mengenverhältnisses zu betrachten, wenig realistisch ist.
Die praktische Anwendbarkeit der Substitutionselastizitäten
wird außerdem durch ihre Anwendbarkeit auf Substitutionsprozesse mit nur zwei konkurrierenden Produkten eingeschränkt.
In Wirklichkeit, und dies trifft insbesondere auf den Energiesektor zu, ist die Zahl der Substitute meist größer.

6.3 Der Preis und die Substitutionszeit als Determinanten
zur Beschreibung der dynamischen Preis-Mengen-Relation
bei mehr als zwei konkurrierenden Produkten

Die Substitutionsvorgänge im Primärenergiebereich waren in der
Vergangenheit von dem Vordringen der flüssigen und gasförmigen
Energieträger Erdöl und Erdgas auf Kosten der Kohle bestimmt
und werden in der Zukunft durch das Vordringen der Kernenergie
gekennzeichnet sein. Das heißt zur Beschreibung dieser Substitutionsvorgänge hat man mindestens auszugehen von vier
konkurrierenden Produkten. Deshalb ist es erforderlich, zunächst einen Modellansatz zu entwickeln, der auf mehr als zwei
Substitute anwendbar ist.
Wie im Abschnitt 6.1 begründet, können langfristig vollständige
Substitutionsmöglichkeiten zwischen den einzelnen Primärenergieträgern vorausgesetzt werden. Ausgehend von dieser Tatsache soll zunächst die Preisabhängigkeit erklärt werden.
Man hat somit die Aufgabe, einen funktionalen Zusammenhang
zwischen den Mengen m_i und den Preisen p_i der Primärenergieträger zu finden, und zwar so, daß die Summe der Mengen der
einzelnen Primärenergieträger gleich dem Gesamtbedarf an
Primärenergie ist. Nun hängt die Nachfrageentwicklung eines
Primärenergieträgers nicht nur von seiner eigenen Preisentwicklung sondern auch von der Preisentwicklung der anderen
Energieträger ab. Dies wird berücksichtigt durch die Bildung
von relativen Preisen p_i/p_j. Für ein System mit n Primärenergieträgern ist die Zahl der möglichen Kombination der
relativen Preise p_i/p_j gleich n^2. Durch die Kenntnis von
n - 1 Verhältnissen, z. B.

$$\frac{p_1}{p_2}, \frac{p_2}{p_3}, \ldots, \frac{p_i}{p_{i+1}}, \ldots, \frac{p_{n-1}}{p_n} \quad (4)$$

sind alle anderen Verhältnisse auch festgelegt.
Macht man nun für ein beliebiges Preisverhältnis $\frac{p_i}{p_j}$
den Preise-Mengen-Ansatz einer Hyperbel

$$\frac{m_i}{m_j} = a + \frac{b}{\frac{p_i}{p_j} - c} \quad (5)$$

so folgt aus der Gültigkeit dieses Ansatzes für alle Verhältnisse $\frac{p_i}{p_j}$ und unter der Voraussetzung der vollständigen
Substituierbarkeit:

$$\frac{m_i}{m_j} = \frac{1}{p_i/p_j} \quad (6)$$

Durch Umformen dieser Gleichung erhält man als Ausdruck für die Mengenanteile

$$\bar{m}_j = \frac{m_j}{m_{ges}} = \frac{1}{p_j \sum_{i=1}^{n} \frac{1}{p_i}} \quad (7)$$

Man sieht an dieser Gleichung, daß der Mengenanteil eines Produktes nicht nur seinem Preis sondern auch der Summe der reziproken Werte der Preise aller anderen Produkte umgekehrt proportional ist.
Es ist nun nachzuweisen, daß dieser Ansatz der Bedingung

$$\sum_{j=1}^{n} \frac{x_j}{x_{ges}} = 1 \quad \text{genügt.} \quad (8)$$

Da $\sum_{j=1}^{n} \frac{x_j}{x_{ges}} = \sum_{j=1}^{n} \frac{1}{p_j^a \sum_{i=1}^{n} \frac{1}{p_i^a}} = \frac{1}{\sum_{i=1}^{n} \frac{1}{p_i^a}} \sum_{j=1}^{n} \frac{1}{p_j^a}$

$\sum_{i=1}^{n} \frac{1}{p_i^a} = \sum_{j=1}^{n} \frac{1}{p_j^a}$

folgt

$\sum_{j=1}^{n} \frac{x_j}{x_{ges}} = 1$

Es läßt sich leicht nachweisen, daß auch für andere Ansätze der Form $\frac{m_i}{m_j} = \left(\frac{p_i}{p_j}\right)^{-a}$ eine geschlossene Lösung zu finden ist.

Wie schon in den vorangegangenen Abschnitten erläutert, werden sich die neuen Mengenverhältnisse, die einer geänderten Preisrelation entsprechen, nicht unmittelbar nach der Änderung des Preisverhältnisses einstellen. Der Anreiz, einen Energieträger verstärkt zu nutzen, hervorgerufen durch einen Rückgang seines relativen Preises, wird sich natürlich aus technischen und ökonomischen Gründen erst nach und nach in der Änderung seines Mengenanteils niederschlagen, da z. B. ein Ersatz nicht abgeschriebener Anlagen unökonomisch ist. Es gibt aber auch fertigungstechnische Kapazitätsgrenzen, die eine sofortige Umstellung auf den "billigen" Energieträger nicht erlauben.
Die Zeit, die im Mittel vergeht, bis sich nach einer Preisänderung die den neuen Preisrelationen entsprechenden Mengenverhältnisse eingestellt haben, definiert man als durch-

schnittliche Substitutionszeit. Sie wird im wesentlichen von
technischen und ökonomischen Faktoren bestimmt, wie z. B. der
Kraftwerkslebensdauer, der Abschreibung und den Zeiten zum
Ausbau der Energieversorgungssysteme (Bauzeit von Kraftwerken
und Übertragungssystemen). Die quantitative Festlegung der
Substitutionszeit ist eine schwierige Aufgabe, die wegen der
Vielzahl der Einflußfaktoren für jeden konkreten Anwendungs-
fall einer gründlichen statistischen Untersuchung bedarf.
Die Substitutionszeit allein sagt aber noch nichts über die
Art der wirksamen Verzögerung aus. Verschiedentlich wurde die
Verwendung einer diskreten Verzögerung, d. h. eines time-lags,
diskutiert /21/. Es ist sicher richtig, daß zwischen dem
Entschluß zur Benutzung eines anderen Energieträgers und der
Inbetriebnahme der neuen Anlage eine gewisse Zeit vergeht, die
notwendig ist für die Planung und Errichtung und als Totzeit
oder time-lag aufgefaßt werden kann. Diese Zeit ist aber bei
den langfristigen Substitutionsprozessen nur von untergeordne-
ter Bedeutung, da hier die Verzögerungen bei der Summe der
Einzelentscheidungen zur Nutzung des attraktiveren Energieträgers für das dynamische Verhalten des Substitutionsvorganges
bestimmend sind. Das Zugrundelegen eines time-lags scheint
deshalb wenig realistisch. Zur wirklichkeitsnahen Beschreibung
der Substitutionsdynamik sind die Verzögerungen erster und
höherer Ordnung besser geeignet.Die Festlegung der Ordnung der
Verzögerung muß für jeden Einzelfall während der Modellverifikation und mittels statistischer Methoden vorgenommen werden.
Für eine Verzögerung erster Ordnung wird die Dynamik zwischen
dem fiktiven Mengenverhältnis $\bar{m}_j$, das sich aufgrund der
Preis-Mengen-Relation einstellen sollte, und dem realen $\bar{m}_j$
Mengenverhältnis durch die folgenden Differentialgleichungen
dargestellt.

$$\gamma \frac{d \bar{m}_j^*}{dt} + \bar{m}_j^* = \bar{m}_j (t) \quad j = 1, \ldots, n \qquad (9)$$

Setzt man in diese Gleichung für die Eingangsgröße $\bar{m}_j(t)$ den in diesem Abschnitt abgeleiteten Mengen-Preis-Zusammenhang ein, so erhält man als endgültige formale Beschreibung der Dynamik von Substitutionsprozessen mit mehr als zwei Substituten die Gleichungen

$$\tau \frac{d\bar{m}_j^*}{dt} + \bar{m}_j^* = \frac{1}{p_j(t) \sum_{i=1}^{n} \frac{1}{p_i(t)}} \qquad (10)$$

für $\quad i = 1, \ldots, n$, $j = 1, \ldots, n$

und $\quad \tau \triangleq$ durchschnittliche Substitutionszeit.

Für Verzögerungen höherer Ordnung sieht die Gleichung analog aus.

Beschränkt man sich auf den Preis als erklärenden Faktor und die Beschreibung der Dynamik mittels einer Verzögerung, so erhält man als Modellansatz eine der Anzahl der Substitute entsprechende Zahl von inhomogenen Differentialgleichungen, etwa der Form von Gl. (10). Trotz der erzielten Verbesserungen gegenüber dem Ansatz der Substitutionskoeffizienten (Abschnitt 6.2) ist aber auch an diesem Ansatz noch zu kritisieren, daß er nur vom Preis als verursachenden Faktor von Mengenänderungen ausgeht.

6.4 Ansätze zur Darstellung der Substitutionsdynamik bei mehreren verursachenden Faktoren mit Hilfe der Nutzwertanalyse

Geht man von der Hypothese des Preises als einzigen verursachenden Faktor für Strukturänderungen durch Substitution ab, was sicher für den Energiesektor notwendig ist, so muß man die geschlossene funktionale Beschreibung der Mengenabhängigkeit aus dem vorherigen Abschnitt verlassen. Die direkte

Zuordnung der Mengenanteile der einzelnen Energieträger zu den
Ausprägungen der verschiedenen Verursachungsfaktoren ist nicht
mehr möglich. Man hat es nun mit einer multidimensionalen Bewertungsaufgabe zu tun, wobei erschwerend noch die Aufgabe der
Quantifizierung schwer faßbarer Größen in Bezug auf andere Einflußgrößen und im Bezug ihrer Wirkung auf den Substitutionsprozeß hinzutritt. Für die dynamische Beschreibung von Substitutionsprozessen im Primärenergiebereich heißt das, daß z. B. so unterschiedliche Einflußgrößen, wie die Kosten, die Verfügbarkeit
oder die Nutzungseigenschaften der Energieträger quantifiziert
und verglichen werden müssen. Zur Lösung dieser Aufgabe eignen
sich die in der Systemtechnik entwickelten Methoden der
Nutzwertanalyse /24, 25/. Die Vielzahl der Entscheidungsprozesse der Primärenergieverbraucher, die aus einer Fülle von
Einzelinformationen über die verschiedenen Energieträger die
Auswahl eines Energieträgers motivieren, werden nun in einem
kontinuierlichen Modell dargestellt. Einige der bei diesem
Entscheidungsprozeß wirksamen Einflußgrößen sind in Tab. 2
(Abschnitt 6.1) aufgeführt. Die Vielzahl dieser Einflußfaktoren wird zu geeigneten Indikatoren[1] zusammengefaßt, z. B.
zum Indikator "Energiekosten". Dieser Indikator beschreibt
die Wirtschaftlichkeit der Nutzung der verschiedenen Primärenergieträger, die bestimmt wird von den Energiekosten, den
Kapitalkosten und den Betriebskosten. Weitere denkbare Indikatoren sind die Verfügbarkeit und die Nutzungseigenschaften
der Primärenergieträger. Für n verschiedene Primärenergieträger, deren Eigenschaften durch m Indikatoren repräsentiert
werden, sind also n . m Einzelinformationen im Modellentscheidungsprozeß zu verarbeiten.

---

1) Indikator (Anzeiger): dienen zum Operationalisieren von
   Einflußgrößen. Sie repräsentieren die gemeinten Eigenschaften mehr oder weniger, empirisch aber direkt nachweislich.

Die anstehende Gesamtproblematik läßt sich in drei Teilprobleme unterteilen:

1. Die Bewertung der Indikatorausprägung (Indikatorwert) und die Vergleichbarmachung der Indikatoren untereinander.

2. Die Bewertung der verschiedenen Indikatoren untereinander, d. h. eine relative Bewertung des Einflusses oder Gewichts der einzelnen Indikatoren beim Entscheidungsprozeß.

3. Die Dynamisierung des Substitutionsprozesses.

Für das letzte Teilproblem soll der im vorherigen Abschnitt beschriebene Verzögerungsansatz auch hier verwendet werden. Wenden wir uns nun zuerst dem Teilproblem 1 zu. Da in der Regel die einzelnen Indikatoren nicht direkt miteinander vergleichbar sind, z. B. Energiekosten und Verfügbarkeit, muß eine Norm (Maßeinheit) gefunden werden, auf die alle unterschiedlichen Maßeinheiten zurückgeführt werden können und die somit Vergleiche und Verknüpfungen erlaubt. Diese Norm wird allgemein als "Indikatornutzen" bezeichnet. Der Indikatornutzen ist also zu interpretieren als Bewertung der realen Indikatorausprägung in Bezug auf die anderen Indikatorausprägungen. Mathematisch beschrieben wird die Bewertung der Indikatorausprägung durch Nutzwertfunktionen, die die Relation zwischen der Merkmalausprägung und der Größe des Nutzens angeben. Zur Bestimmung der Nutzwertfunktionen sollen im folgenden drei Modellvorstellungen diskutiert werden /25/.

1. Das lineare Bewertungsmodell

   Ausgehend von der in einem bestimmten Bezugsjahr oder -punkt auftretenden Indikatorausprägung, der der Indikatornutzen "1" zugeordnet wird, ergeben sich die Bewertungen der übrigen Indikatorausprägungen an Hand einer linearen Beziehung, die zwischen dem Bezugswert "1" des Bezugsjahres oder -punktes und dem Nullpunkt hergestellt wird. Wählt man zum Beispiel als Bezugsjahr das Jahr 1970, so wird dem Kohlepreis des Jahres 1970 der Nutzen "1" zugeordnet. Eine Verdoppelung des Kohlepreises bedeutet dann auch, daß sich der Einfluß dieses Indikators auch verdoppelt, bezogen auf den Aufteilungskoeffizienten. Dieses Beispiel zeigt schon deutlich eine Schwäche dieser Methode. Bei einem negativen Zusammenhang zwischen Indikator und Bewertungskoeffizient (d. h. ein höherer Preis vermindert die Nachfrage) darf nicht mit den Indikatornutzen sondern mit den reziproken Werten des Indikatornutzens (1/Indikatornutzen) gerechnet werden.

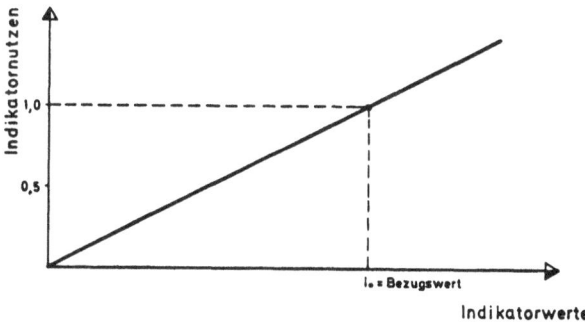

Abb. 15: Lineares Bewertungsmodell

Es wird deutlich, daß dieses Verfahren nur eine
beschränkte Aussagefähigkeit hat, die dann gegeben
sein mag, wenn mit geringen Schwankungen der Indikatorwerte gerechnet wird. Bei diesem Verfahren handelt es sich eigentlich nicht um eine Bewertung.
Seine Problematik ist

a) die Annahme eines linearen Zusammenhangs,
b) damit verbunden die Ableitung des Beitrages
   aller anderen Indikatorwerte aus der Bewertung
   nur eines Wertes, nämlich der des Bezugsjahres
   oder -punktes, der ja mit einer unbekannten Zufallskomponente behaftet sein kann.

Der Vorteil dieses Verfahrens liegt in der Ausschaltung des subjektiven Charakters der Bewertung.

2. Das nichtlineare Bewertungsmodell

Der Indikatornutzen eines Bezugsjahres oder -punktes
wird gleich "1" gesetzt. Die Bewertung aller anderen
Indikatorausprägungen erfolgt nun durch die Einführung nichtlinearer Funktionstypen. Da zur Bestimmung des Funktionsverlaufes weitere Bestimmungspunkte notwendig sind, muß der Kurvenverlauf durch
einen meist subjektiven Bewertungsprozeß festgelegt
werden.

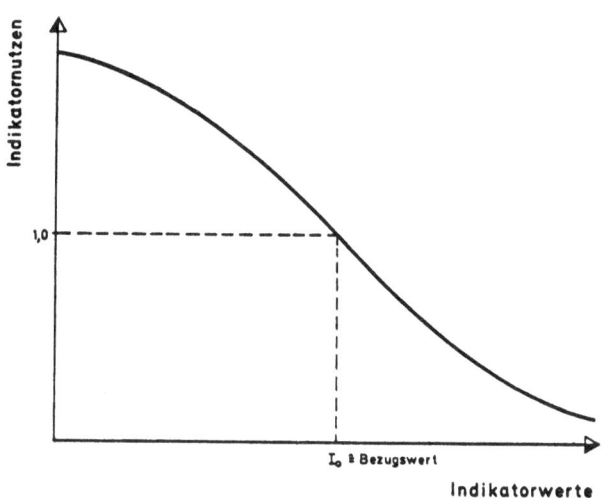

Abb. 16: Nichtlineares Bewertungsmodell

3. Das normative Bewertungsmodell

Hier erfolgt die Bewertung nicht mehr nach einem temporären oder aus einem Indikatorwert abgeleiteten Bezugspunkt, sondern sie wird nach einem absoluten Optimalwert vorgenommen. Die Bewertung des Indikatorwertes erfolgt mit Bezug auf diese Optimalvorstellung, der der Wert "1" zugeordnet wird. Im Gegensatz zu den beiden ersten Verfahren geht man hier von einem absoluten (idealen) Bezugszustand aus. Der auftretende Indikatorwert wird gemessen an der Erreichung des idealen Zustandes.

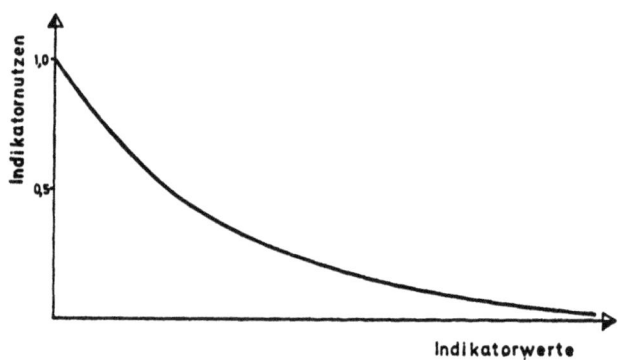

Abb. 17: Normatives Bewertungsmodell

Hat man mit einem dieser Verfahren die Indikatorausprägungen bewertet und vergleichbar gemacht, so sind nun die verschiedenen Indikatoren untereinander im Hinblick auf ihren Einfluß auf den Entscheidungsprozeß zu beurteilen. Dazu sollen zeitvariable Gewichtsfaktoren benutzt werden, die angeben, welchen Einfluß die einzelnen Indikatoren auf die Entscheidung haben. Die Summe der Gewichtsfaktoren ist eins, wenn ausgedrückt werden soll, daß alle relevanten Einflußfaktoren berücksichtigt worden sind. Die Gewichtsfaktoren sind in der Regel nicht statisch, wie z. B. der Gewichtsfaktor der Energiekosten. Der Stellenwert der Energiekosten bei der Auswahl eines Energieträgers ist sicher abhängig von der finanziellen Situation. Mit steigendem Wohlstand werden die Kosten relativ zu anderen Indikatoren an Einfluß verlieren. Hat man den Indikatoren ihre Gewichte zugeordnet, so werden nun die gewichteten Indikatorwerte für jeden Primärenergieträger zum Gesamtnutzen dieses Energieträgers verknüpft. Dies kann erfolgen

a) durch eine additive Verknüpfung

$$GN_i(t) = \sum_{j=1}^{m} g_j(t) \cdot IN_{i,j}(t) \qquad \begin{array}{l} i = 1, \ldots, n \\ \\ j = 1, \ldots, m \end{array} \qquad (18)$$

mit $GN_i \triangleq$ Gesamtnutzen des Primärenergieträgers i
$g_j \triangleq$ Gewichtsfaktor des Indikators j
$IN_{i,j}$ = Indikatornutzen des j-ten Indikators des
Energieträgers i

$i=1,..,n$ = Indices der n Energieträger
$j=1,..,m$ = Indices der m Indikatoren

b) durch eine multiplikative Verknüpfung

$$GN_i(t) = \prod_{j=1}^{m} g_j(t) \cdot IN_{i,j}(t) \qquad (19)$$

Für welche Art der Verknüpfung man sich entscheidet, hängt vom Einzelfall ab, wobei die additive Verknüpfung jedoch den Vorzug einer besonders einfachen Überschau- und Interpretierbarkeit hat.

Verbindet man nach der Normierung der energieträgerspezifischen Gesamtnutzen den oben abgeleiteten Ansatz mit dem dynamischen Verzögerungsmodell aus Abschnitt 6.3, so erhält man zur Beschreibung der Substitutionsdynamik bei mehreren verursachenden Faktoren, z. B. mit einer Verzögerung erster Ordnung, die Differentialgleichungen

$$\tau \frac{d\bar{\bar{m}}_i^*}{dt} + \bar{\bar{m}}_i^* = \frac{GN_i(t)}{GN_{ges}(t)} \qquad (20)$$

mit $\quad GN_i(t) = \sum_{j=1}^{m} g_j(t) \cdot IN_{i,j}(t)$

und $\quad GN_{ges}(t) = \sum_{i=1}^{n} GN_i(t)$

oder $\quad GN_i(t) = \prod_{j=1}^{m} g_j(t) \cdot IN_{i,j}(t)$

Die formale Eleganz des gefundenen Modellansatzes darf aber nicht über seine Unzulänglichkeiten und Schwächen hinwegtäuschen. Zum Schluß eine grundsätzliche Bemerkung zu den Modellansätzen. Der Substitutionsprozeß wird modellmäßig als ein kontinuierlicher Prozeß dargestellt. In Wirklichkeit aber ist jeder einzelne Entscheidungsprozeß für einen Energieträger ein diskretes Ereignis. Es muß nun die Frage geprüft werden, ob die gewählte Darstellungsweise zulässig ist. Eine Vielzahl diskreter Ereignisse ist in guter Näherung als kontinuierlicher Prozeß darstellbar, wenn ihre Zahl pro Zeiteinheit groß genug ist, so daß sich jeweils eine etwa gleiche statistische Verteilung der Entscheidungen einstellt. Dies wird unterstützt durch die Verwendung aggregierter Größen, deren Entwicklung in der Regel kontinuierlicher verläuft als die von Einzelgrößen. Wendet man diese Kriterien auf die Entscheidungsprozesse im Energiesektor an, so lassen sich die Substitutionsprozesse der Primärenergieträger in guter Näherung als kontinuierlich auffassen.

Größere Probleme treten bei der Verifizierung dieser Modellansätze auf. Dem Gewinn an Realitätsnähe, erreicht durch die Erfassung mehrerer erklärender Determinanten, stehen auf der anderen Seite die wachsenden Probleme beim Nachweis der statistischen Signifikanz des Ansatzes und bei der Datenbeschaffung entgegen. Der statistische Nachweis der Richtigkeit des Ansatzes wird problematisch, da die isolierte Überprüfung der Wirkung einzelner Einflußgrößen mittels statistischer Zeitreihen oder einer Querschnittsanalyse meistens nicht möglich ist. Hierzu tritt dann noch das Problem, daß die subjek-

tiven Indikatoren nicht statistisch erfaßt sind und man hier
auf z. T. subjektive Wertungen oder Untersuchungen aufbauen
muß. Diese bei der praktischen Arbeit auftretenden Schwierigkeiten können allerdings durch eine sorgfältige Modellkon-
struktion und ausführliche Sensibilitätsuntersuchungen gemil-
dert werden.

7. MODELLBESCHREIBUNG

7.1 Die Grundstruktur des Modells

In den vorangegangenen Kapiteln wurde als Ziel dieser Untersuchung die Entwicklung von Ansätzen zur Analyse des Systems Mensch-Energie-Umwelt genannt. Will man diesem Ziel gerecht werden, so sind in einem Modell dieses Systems der Energiebedarf auf seine verursachenden Faktoren zurückzuführen und die Auswirkungen der Energienutzung auf die übrigen Elemente dieses Systems dynamisch zu beschreiben. Mit dem im folgenden erläuterten Modell soll dies für die weltweiten, langfristigen Entwicklungen geschehen. Ziel der Modellentwicklung ist nicht, wie auch schon an anderer Stelle betont, die Prognose der zukünftigen Entwicklung.

Der Energiebedarf läßt sich zurückführen auf das Verlangen der Menschen durch den Einsatz von Energie ihre natürlichen Lebensbedrohungen wie Hunger und Kälte zu überwinden und mit Hilfe von Energie zu einer menschenwürdigeren Gestaltung ihrer Umgebung und Lebensbedingungen zu gelangen. Der Energiebedarf wird damit also determiniert durch die Bevölkerungszahl und dem spez. Energiebedarf, der, wie statistische Untersuchungen zeigen, eng gekoppelt ist an den wirtschaftlichen und industriellen Entwicklungsstand einer Volkswirtschaft. Die Beschreibung der Entstehung des Energiebedarfs kann aber nur ein Teil einer umfassenden Analyse sein. Ein anderer, ebenso wichtiger Teil ist die Erfassung und Untersuchung der Auswirkungen der Energienutzung, z. B. im Hinblick auf die Erschöpfung der Energiereserven und im Hinblick auf die Veränderung der natürlichen Umwelt, die wiederum auf den Energieverbrauch zurückwirken.

Die Grundstruktur des beschriebenen Modellansatzes enthält neben den Hauptbestimmungsgrößen des Energiebedarfs (Bevölkerung und Industrieproduktion) auch die grundlegenden Beziehungen zwischen Energieverbrauch, Energiereserven, industrieller Produktion, Rohstoffverbrauch und Umweltbeeinflussung. Abb. 18 zeigt die Grundstruktur des Modells, wobei die Pfeile die Ursache-Wirkungsbeziehung angeben.

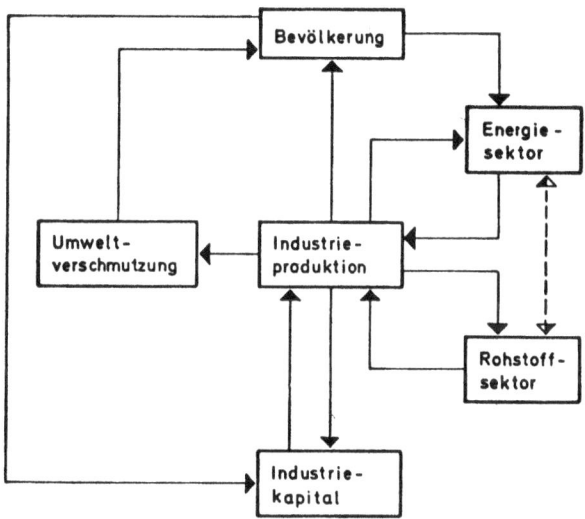

Abb. 18: Die Grundstruktur des Energiemodells

Ausgehend von dieser Grundstruktur läßt sich das Modell in fünf Sektoren einteilen:

1. Der Bevölkerungssektor
2. Der Industriesektor
3. Der Umweltsektor
4. Der Rohstoffsektor
5. Der Energiesektor

Der Aufbau und die Struktur jedes dieser Sektoren wird in den folgenden Abschnitten genauer beschrieben. Da der Energiesektor im Rahmen dieser Arbeit eine besondere Bedeutung hat, wird er besonders detailliert behandelt.

7.2 Der Bevölkerungssektor

Die Bevölkerungsentwicklung ist, wie im vorangegangenen Abschnitt erläutert, einer der bestimmenden Faktoren für den Energiebedarf. Abb. 19 zeigt die Entwicklung der Weltbevölkerung.

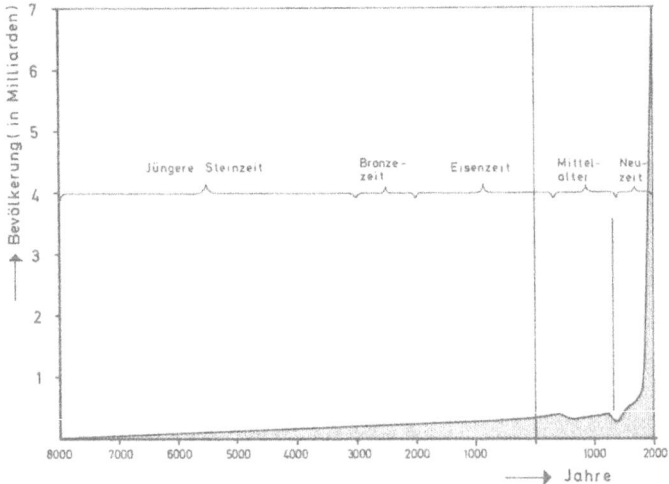

Abb. 19: Die Bevölkerungsentwicklung /30/

Sie zeigt deutlich die bis auf geringe Unregelmäßigkeiten kontinuierliche Zunahme der Weltbevölkerung bis etwa zur Mitte dieses Jahrtausends. Danach begann eine Bevölkerungsexplosion, die allein mit einem exponentiellen Wachstum nicht erklärt werden kann. Es handelte sich hier um eine überexponentielle Zunahme, was zu immer kürzeren Verdopplungszeiten der Weltbevölkerung führte.

Jahr	Geschätzte Weltbevölkerung	Zur Verdopplung benötigte Zeit
8000 v. Chr.	5 Millionen	1500 Jahre
1650 n. Chr.	500 Millionen	200 Jahre
1850 n. Chr.	1000 Millionen	80 Jahre
1930 n. Chr.	2000 Millionen	45 Jahre
1975 n. Chr.	4000 Millionen	
	Berechnete Verdopplungszeit um 1970	35-37 Jahre

Tab. 3: Verdopplungszeiten der Weltbevölkerung /30/

Anschaulich heißt das, daß bis zum Erreichen der Einmilliardenmarke (um 1850) etwa ein bis zwei Millionen Jahre, bis zur nächsten Milliarde etwa 80 Jahre und bis zur dritten nur noch 30 Jahre vergingen. Heute verdoppelt sich die Weltbevölkerung bei einer Wachstumsrate von 2 % in etwa 35 Jahren. Die rapide Abnahme der Verdopplungszeiten oder anders ausgedrückt die Zunahme der Wachstumsexponenten war bedingt durch die Veränderungen der Geburten- und Sterbeziffern. Die Entwicklung der Landwirtschaft und damit verbunden das Ausbleiben großer Hungersnöte, die durch die medizinische Entwicklung erreichte Eindämmung der großen Seuchen, sowie die Reduzierung der Mutter- und Säuglingssterblichkeit führten zu einer erheblichen Senkung der

Sterblichkeitsziffer und damit zu einer Steigerung der
Lebenserwartung.

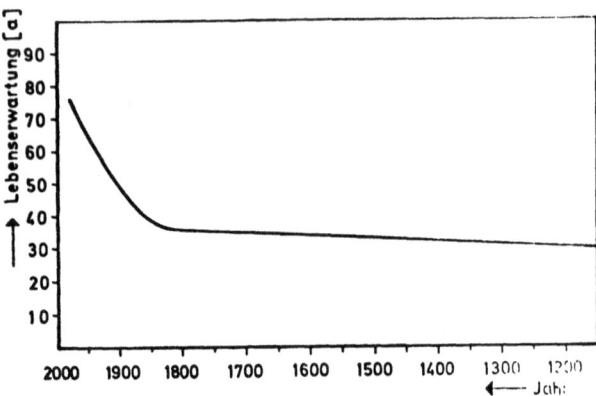

Abb. 20: Die Entwicklung der Lebenserwartung /34/

Die Bevölkerungszahl wird bestimmt durch die Entwicklung der
Geburten und Sterbefälle pro Jahr, die wiederum in erster
Näherung der Bevölkerungszahl proportional sind. Es handelt
sich hier um die Kopplung eines positiven und eines negativen
Regelkreises, was auch ein einfaches Loopdiagramm verdeutlicht.
Vermehrte Geburten erhöhen die Bevölkerungszahl, die wiederum
zu vermehrten Geburten führt (konstante Geburtenziffer vorausgesetzt). Dieser Zunahme der Bevölkerung wirkt die gleichzei-
tige Zunahme der Todesfälle entgegen.

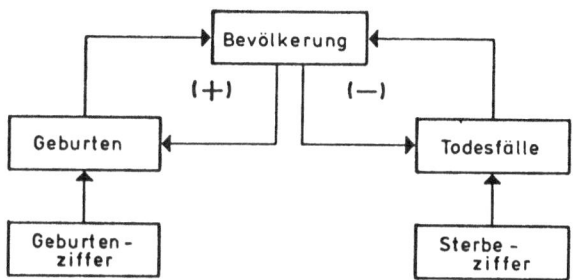

Abb. 21: Struktur des Bevölkerungswachstums

Nun sind Geburten- und Sterbeziffer gewöhnlich nicht konstant sondern Veränderungen unterworfen, die wie die vorher beschriebene vergangene Entwicklung zeigte, bestimmend sind für die Dynamik der Bevölkerungsentwicklung. Das vollständige Loopdiagramm des Bevölkerungssektors (Abb. 22) zeigt die Wechselwirkungen und Beziehungen, die die Änderungen der Geburten- und Sterbeziffer bewirken und damit verantwortlich sind für die Dynamik der Bevölkerungsentwicklung.

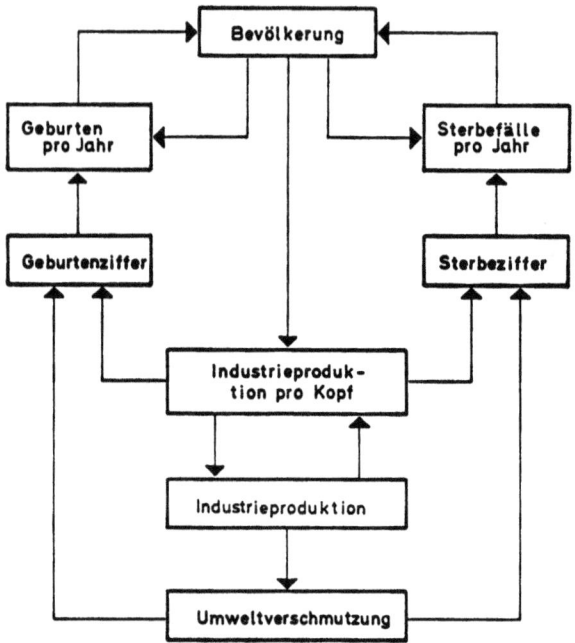

Abb. 22: Loopdiagramm des Bevölkerungssektors

Der Zusammenhang zwischen Geburten- bzw. Sterbeziffer und
der industriellen Entwicklung zeigen die Abb. 23 und Abb. 24.
Sowohl die Geburten- als auch die Sterbeziffer zeigen eine
fallende Tendenz bei steigendem Bruttosozialprodukt pro Kopf
und gehen bei größer werdendem Bruttosozialprodukt in einen
Sättigungswert über.

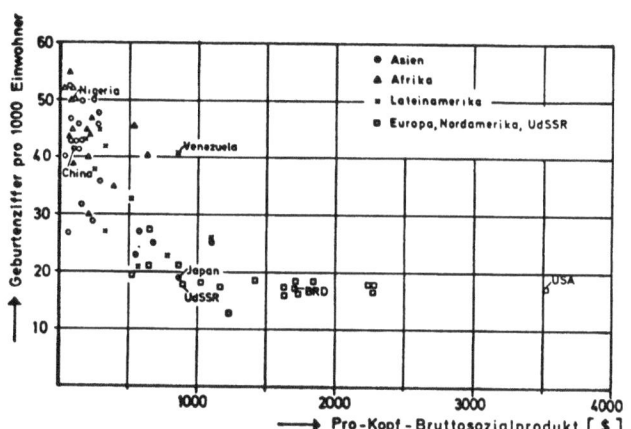

Abb. 23: Geburtenziffer als Funktion des Bruttosozialproduktes
/30/

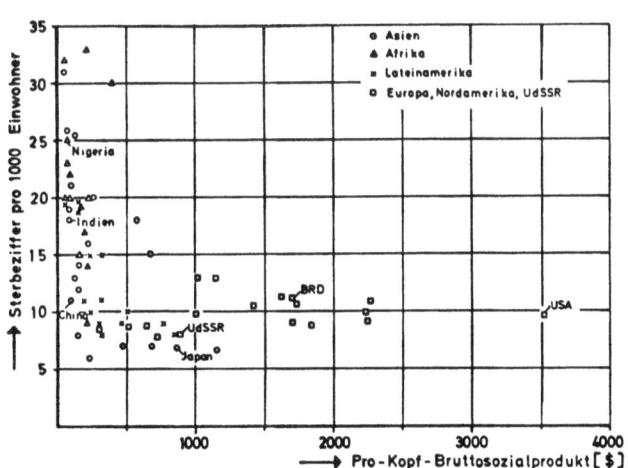

Abb. 24: Sterbeziffer als Funktion des Bruttosozialproduktes /30/

Über den Einfluß der Umweltverschmutzung auf die Geburten-
bzw. Sterbeziffer liegen heute nur ungenügende quantitative
Untersuchungen vor. Einig ist man sich nur über die qualitativen Auswirkungen verschiedener Emittenten, die von der Beeinträchtigung der Gesundheit bis hin zum frühzeitigeren Tod
reichen /30, 32, 33/. Die in Abb. 25 dargestellte Beziehung
zwischen der Anzahl der täglichen Todesfälle und dem Schwefel-
dioxydgehalt der Luft beruht auf mehrjährigen Messungen. Dennoch ist die gefundene Korrelation mit einiger Unsicherheit
behaftet, da man es in Luftverunreinigungsperioden gewöhnlich
mit mehreren Schadstoffen in stets wechselnder Konzentration
zu tun hat und über die synergistischen Wirkungen verschiedener
Schadstoffkombinationen noch sehr wenig bekannt ist. Trotz
fehlender exakter qualitativer Daten und Kenntnisse zur Beschreibung ihrer Auswirkungen auf die Geburten- bzw. Sterbeziffer erscheint es sinnvoll, im Modell diese Wechselwirkung
mit einzubeziehen. Man erhält damit die Möglichkeit, die Auswirkungen verschiedener Annahmen über diesen funktionalen Zusammenhang zu untersuchen. Unter anderem wurden die von
/28,29/ angegebenen Zusammenhänge benutzt.

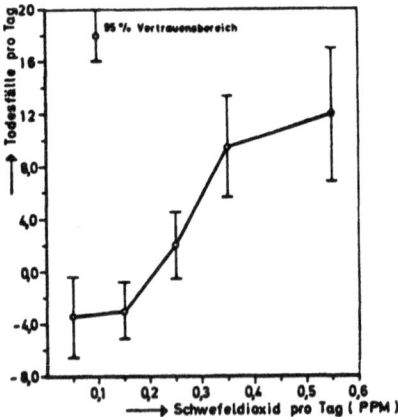

*Abb. 25: Durchschnittliche Anzahl der Todesfälle pro Tag in Ab-
hängigkeit von der Schwefeldioxydkonzentration /33/*

7.3 Der Industriesektor

Für eine moderne industrielle Produktion ist die Verfügbarkeit
von Energie in den verschiedensten Arten eine unabdingbare
Voraussetzung. Die Verbrauchsgruppe "Industrie" konsumiert
heute in der BRD etwa 40 % des gesamten Endenergieangebots,
was die Bedeutung der Industrieproduktion für die Energienachfrage deutlich macht. Die Industrieproduktion ist weltweit
erheblich schneller gewachsen als die Bevölkerungszahl (Abb. 26).
Die jährlichen Wachstumsraten lagen zuletzt bei etwa 7,5 %.

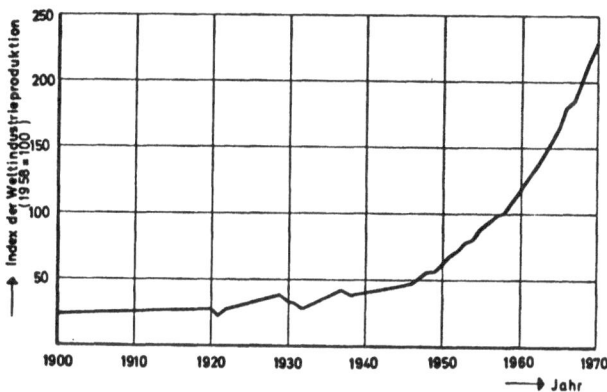

Abb. 26: Die Entwicklung der Weltindustrieproduktion

Die komplexen Zusammenhänge und Wechselwirkungen einer modernen
Industrieproduktion sind im Rahmen dieser Untersuchung nicht
im Detail darstellbar. Der gemachte Modellansatz enthält in
vollem Bewußtsein der Simplifikation deshalb nur die grundlegenden Mechanismen zwischen Produktion und Investition,
zwischen Rohstoff-, Energieverbrauch und ihrer Preisentwicklung,
zwischen Nutzungszeit und Nutzung der natürlichen Rohstoff-

und Energiereserven, auf die es für die globalen langfristigen
Untersuchungsziele dieser Studie ankommt. Die Abb. 27 zeigt
die Strukturgrößen des Industriesektors mit ihren Verknüpfungen.

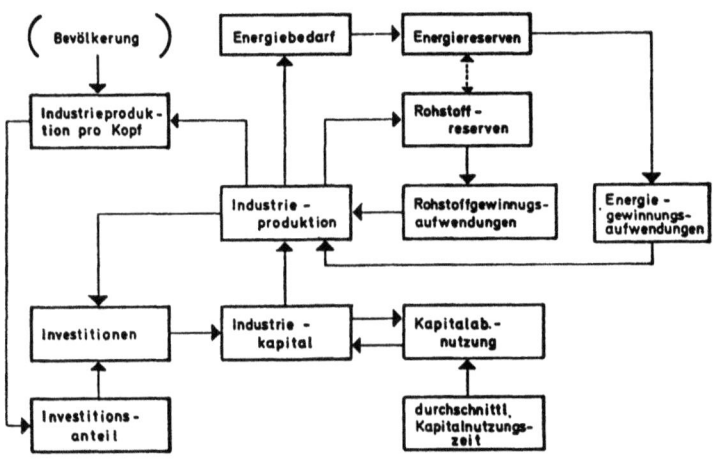

Abb. 27: *Loopstruktur des Industriesektors*

Wichtigste Voraussetzung für die Produktion von Industriegütern
ist das Vorhandensein von "Industriekapital", unter dem sowohl
das Anlagevermögen, wie Fabrikanlagen, Maschinen und sonstige
im weitesten Sinne für die Produktion notwendigen Anlagen, wie
z. B. Schulen, als auch das Umlaufvermögen zu verstehen sind.
Mit einer limitierten Kapitalmenge ist jährlich nur eine ge -
wisse Menge an Industriegütern produzierbar. Sie hängt außer
von den vorhandenen Produktionsanlagen auch noch von den vor -
handenen Arbeitskräften und dem notwendigen Kapitaleinsatz zur
Rohstoff- und Energiegewinnung ab. Die Industrieproduktion läßt
sich unterteilen in Konsum- und Investitionsgüter. Letztere

tragen wieder zur Vermehrung des Industriekapitals bei. Man
hat es also mit einer positiven Rückkopplung zwischen Industriekapital, Industrieproduktion und Investitionen zu tun. Der
funktionale Zusammenhang zwischen der Produktion von Investitionsgütern und der Produktion von Konsumgütern ist qualitativ folgender. Faßt man die Industrieproduktion pro Kopf der
Bevölkerung als Indikator für den materiellen Lebensstandard
auf, so ist bei einem sehr niedrigen Lebensstandard der Zwang
zur Produktion von Konsumgütern sehr groß. Mit zunehmendem
Lebensstandard wird der Anteil der Investitionsgüter an Produktionsvolumen wachsen, er wird aber nach Überschreitung eines
gewissen Lebensstandards wieder eine rückläufige Tendenz haben,
die begründet ist durch eine Ausweitung der Dienstleistungen.
Die Abb. 28 verdeutlicht dies.

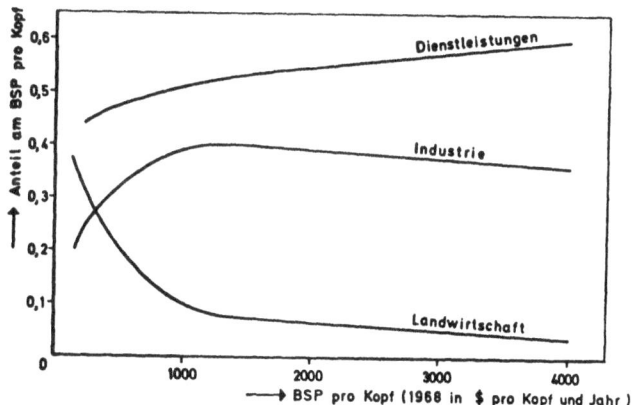

Abb. 28: Entwicklung der Sektoranteile am BSP /35/

Der Vermehrung des Industriekapitals wirkt die Abnutzung der Anlagen entgegen, so daß ein Teil der Investitionen in Realität Ersatzinvestitionen sind. Die Industrieproduktion ist, wie vorher erläutert, bei begrenztem Industriekapital abhängig von dem Kapitaleinsatz für die Produktionsanlagen, für die Rohstoffgewinnung und für die Energiebereitstellung. Für ein nicht näher spezifiziertes durchschnittliches Industriegut läßt sich formulieren

$$SKAG\ (t) \left[\frac{DM \cdot a}{G}\right] = SKARO\ (t) \left[\frac{DM \cdot a}{G}\right] + SKAE\ (t) \left[\frac{DM \cdot a}{G}\right] + SKAP\ (t) \left[\frac{DM \cdot a}{G}\right]$$

mit

SKAG (t) ≙ spez. Industriekapitaleinsatz pro Industriegut
SKARO (t) ≙ spez. Kapitalaufwand zur Rohstoffbereitstellung
SKAE (t) ≙ spez. Kapitalaufwand zur Energiebereitstellung
SKAP (t) ≙ spez. Kapitalaufwand für die Produktionsanlagen

Die jährliche Industrieproduktion ergibt sich damit zu

$$IO\ (t) \left[\frac{G}{a}\right] = \frac{KAP\ (t)\ [DM]}{SKAG\ (t)\ [DM \cdot a/G]}$$

Dieser Ansatz erfüllt die Randbedingungen, daß bei Erschöpfung der Energie-und/oder Rohstoffreserven, gekennzeichnet durch ins Unendliche steigende spez. Kapitalaufwendungen, die Industrieproduktion zu Null wird.

7.4 Der Umweltsektor

Das Bestreben des Menschen, seine natürliche Umgebung im Sinne der Steigerung seines Daseinswertes zu verändern, hat schon in vergangenen Epochen zu irreversiblen Veränderungen, wie z. B. der Ausrottung von Tierarten und der Unfruchtbarkeit ganzer Landstriche geführt. Diese Eingriffe in das Gleichgewicht unseres Ökosystems, mit ihren zum Teil doch schwerwiegenden Folgen, sind aber kaum vergleichbar mit den Belastungen, denen das Ökosystem durch die exponentielle Steigerung der Bevölkerung und des materiellen Lebensstandards in den Industrienationen ausgesetzt ist. Diese Tatsache ist umso bedenklicher, da wir über die komplexen Abhängigkeiten und Wechselwirkungen in diesem Ökosystem noch recht wenig wissen und somit die Folgen unseres Handelns, die durchaus erst verzögert wirksam werden können, nicht voraussehbar sind. Dennoch zeigen sich schon Symtome von ernsten Störungen sowohl in der Biosphäre als auch beim Menschen /30, 31, 36/.

Faßt man die Schadstoffe als mehr oder weniger vermeidbare Koppelprodukte menschlicher Verbrauchs- und Produktionsaktivitäten auf, so stellt sich die Frage, warum dieser Beeinträchtigung der Lebensbedingungen nicht schon früher die notwendige Aufmerksamkeit geschenkt wurde. Eine mögliche Erklärung ist nach /39/ die Optimierung der Subsysteme, wie Landwirtschaft, Industrieproduktion usw. zu Lasten des Gesamtsystems, in dem das Ökosystem ein wichtiges Teilsystem ist.

Emittent	SO_2	Staub	NO_x	C_mH_n	CO	
Kraftwerke	1,6	0,4	0,5	0,2	0,2	
Haushalte	0,7	0,5	0,5	0,3	0,5	10^6
Industrie	1,3	0,4	0,5	0,5	0,2	t/a
Verkehr	0,1	0,2	1,0	1,2	8,8	
Summe	3,7	1,5	2,5	2,2	9,7	

Tab. 4: Schadstoffemissionen in der BRD für 1970 /4/

In Tab. 4 sind die wichtigsten Schadstoffemissionen in der Luft und in Abb. 29 ist der Anfall an Müll und festen Abfallstoffen in der BRD zusammengestellt.

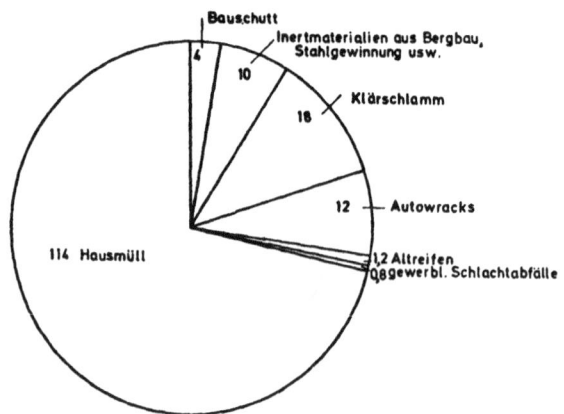

Abb. 29: Abfallmengen in der BRD 1970 /74/ in $10^6/m^3/$.

Diese Schadstoffe sind ausnahmslos die Koppelprodukte der industriellen Produktion und der Energienutzung. Die wichtigsten, bei der Energienutzung entstehenden, Belastungen sind:

1. Thermische Belastungen.
    Sie umfassen nicht nur die notwendigerweise entstehende Abwärme, sondern auch alle Arten von Nutzenergien, die letztlich als Wärmeenergie abgeführt werden müssen.

2. Atmosphärische und hydrosphärische Belastungen durch

    Kohlendioxyd CO_2
    Kohlenmonoxyd CO
    Schwefeldioxyd SO_2
    Stickoxyde NO_x
    Kohlenwasserstoffe $C_m H_n$
    Staub
    radioaktive Schadstoffe

Die Umweltbelastungen lassen sich klassifizieren in solche, die durch geeignete Techniken meist mit einem erhöhten Kostenaufwand vermieden werden können (z. B. Brennstoffentschwefelung) und solche, die sich nur durch die Einstellung der Aktivität selbst vermeiden lassen. Zu Letzteren gehört das durch die Energienutzung auftretende Abwärmeproblem. Ein Beispiel für eine neue Technologie, die außer zur Verminderung der Umweltbelastung langfristig wohl auch zu wirtschaftlichen Vorteilen führt, ist die Eisendirektreduktion mittels nuklearer Prozeßwärme. Abb. 30 zeigt die Minderung der SO_2-Emissionen durch den Einsatz dieser Technologie.

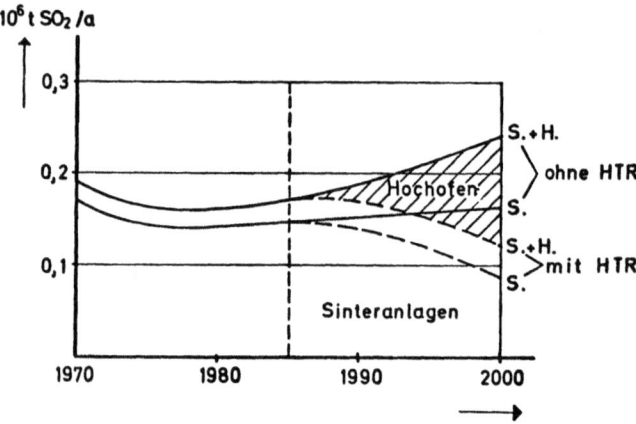

Abb. 30: SO_2-Emissionen der Eisen- und Stahlindustrie mit und ohne HTR-Einsatz /37/

In dem überwiegenden Teil der Fälle werden aber die Maßnahmen zur Verhinderung der Umweltbelastung zu erhöhten Produktionskosten führen. Das Ausmaß dieser Kostensteigerungen soll an zwei Beispielen quantifiziert werden. Der mit einer Wachstumsrate von jährlich 7 % zunehmende Strombedarf wird in den Industrieländern schon in naher Zukunft an die Grenzen der thermischen Belastbarkeit der Flüsse stoßen. Der damit notwendige Übergang zur feuchten bzw. trockenen Rückkühlung führt wegen erhöhter Anlage- und Betriebskosten und wegen der Verschlechterung des Wirkungsgrades zu einer Erhöhung der Stromerzeugungskosten, die folgende Tabelle wiedergibt.

Kraftwerks-system	Erhöhung der Stromerzeugungskosten beim Übergang von Flußwasserkühlung auf	
	nasse Kühlung	Luftkühlung
Fossil gefeuertes Kraftwerk	0,15	0,27
LWR	0,23	0,52
HTR		0,26

Tab. 5: *Erhöhung der Stromerzeugungskosten beim Übergang zur feuchten bzw. trockenen Rückkühlung bei Grundlastbetrieb. Quellen /42, 66/*

Der Energieumsatz der Kraftfahrzeuge beträgt etwa 15 % des Weltenergieverbrauchs. Die Environmental Protection Agency der USA veröffentlichte eine Übersicht über die geschätzten Kosten für die Abgasreinigung eines Durchschnittswagens der US-Produktion.

Modelljahr	Kosten in DM	Abgasmengen in % gegenüber 1967		
		HC	CO	NO_x
1971	107	25	32	85
1972	114	20	28	65
1973/74	272	20	28	42
1975	812	12	16	42
1976/77	1158	3	3	6

Tab. 6: *Kosten der Abgasentgiftung bei Kraftfahrzeugen*

Aus der Tabelle geht deutlich hervor, daß trotz progressiv
steigender Kosten der eigentliche Nutzen immer geringer wird.
Setzt man die spez. Abgasschadstoffe von 1968 als Standard zu
100 und wertet man die Konzentration der Schadstoffe mit einer
einfachen additiven Nutzenfunktion, so erhält man den in Abb.
31 dargestellten funktionalen Zusammenhang zwischen der Wirkung von Abgasentgiftungsmaßnahmen und ihren Kosten.

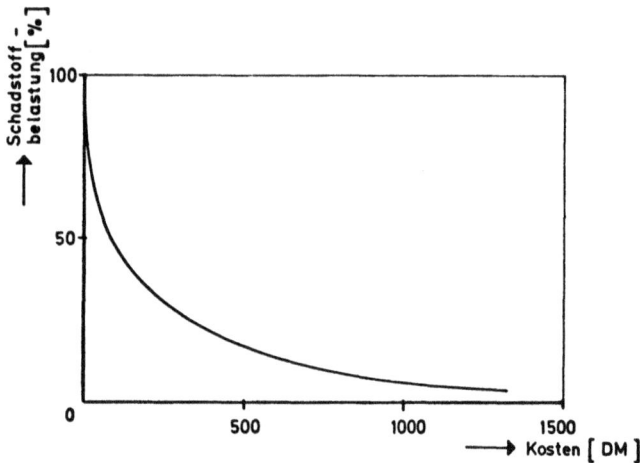

Abb. 31: *Zusammenhang zwischen der Reduzierung der Schadstoffemissionen bei Kraftfahrzeugen und ihren Kosten*

Qualitativ gilt dieser Zusammenhang für alle Umweltschutzmaßnahmen, die zu einer Erhöhung der Produktkosten führen.

Die Kostensteigerungen, die mit der Einführung von Umweltschutzmaßnahmen verbunden sind, werden in der Struktur des
Umweltsektors (Abb. 32) explizit berücksichtigt. In der
Terminologie der Modellgrößen heißt das, die Reduzierung des
spez. Verschmutzungsfaktors durch Umweltschutzmaßnahmen führt
zu einer Verminderung der Industrieproduktion (gleichbleiben-

des Industriekapital und gleichbleibende Rohstoff- und Energieaufwendungen vorausgesetzt). Die Einführung einer Verzögerungszeit im Modell berücksichtigt Zeitverschiebungen zwischen der Emission und den ökologischen Auswirkungen der Schadstofffreisetzung.

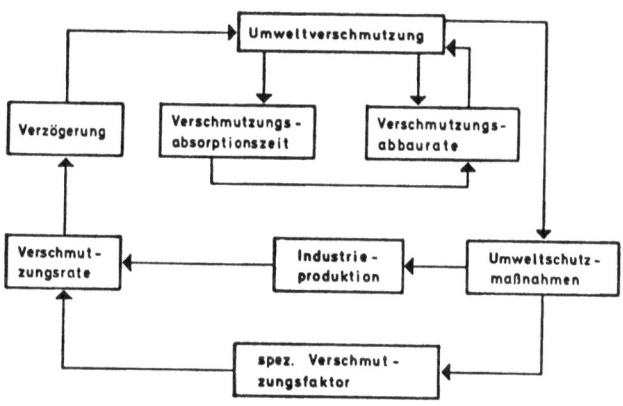

Abb. 32: Die Struktur des Umweltsektors

7.5 Der Rohstoffsektor

Der materielle Wohlstand eines Landes oder anders ausgedrückt, die Höhe seines materiellen Lebensstandards spiegelt sich wieder in seinem Verbrauch an Energie und Rohstoffen. Der Rohstoffsektor behandelt die Zusammenhänge zwischen der Industrieproduktion und der Nutzung der nichtenergetischen Rohstoffe. Ihr Verbrauch ist eng korreliert mit der wirtschaftlichen Entwicklung einer Volkswirtschaft. Als Beispiel dafür sei hier der Stahlverbrauch angeführt. Abb. 33 und Abb. 34 zeigen den

charakteristischen Zusammenhang zwischen Stahlverbrauch und
Bruttosozialprodukt.

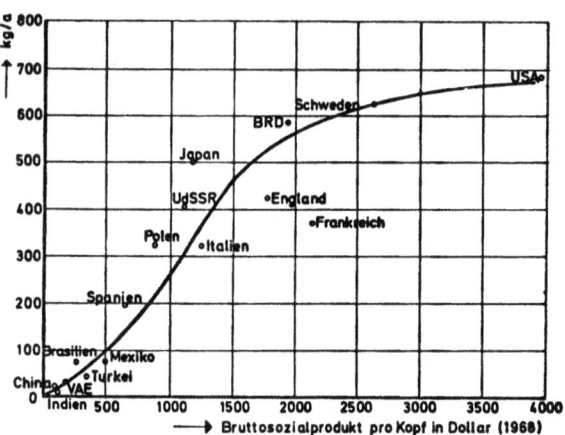

Abb. 33: Stahlverbrauch und BSP pro Kopf weltweit (1968) /27/

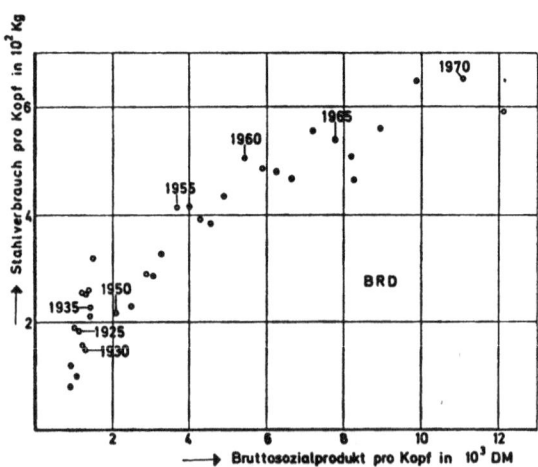

Abb. 34: Stahlverbrauch und BSP pro Kopf in der BRD /46/

Dieser qualitative Zusammenhang gilt nach Meadows /27, 29/ auch für andere Rohstoffe. Abb. 35 zeigt die Korrelation des Verbrauchs chemischer Produkte zum Bruttosozialprodukt. Infolge der im Vergleich zu anderen Rohstoffen recht kurzen Herstellungszeit chemischer Produkte ist hier der abflachende Teil der Kurve noch nicht erreicht.

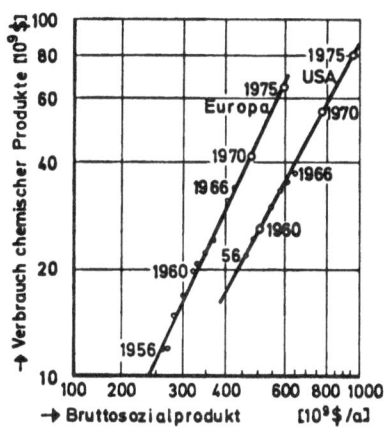

Abb. 35: Korrelation des Verbrauchs chemischer Produkte mit dem Bruttosozialprodukt (nach OECD)

Die enge Korrelation zwischen Rohstoffverbrauch und industrieller Entwicklung führte natürlich bei dem exponentiellen Wachstum der Industrieproduktion in der Vergangenheit zu einem exponentiellen Anstieg des Rohstoffverbrauchs, der die Verknappung einiger Rohstoffe für die nahe Zukunft erwarten läßt. Gleichgültig wie die heute angegebenen Vorräte und ihre zukünftige Erhöhung durch neue Entdeckungen von nicht regenerierbaren Rohstoffen auch aussehen mögen, man muß sich klarmachen, daß diese

Vorräte begrenzt sind. Die Endlichkeit dieser Erde bedingt auch die Endlichkeit der auf ihr verfügbaren Rohstoffe. Die wichtigsten Metalle, auf denen die heutigen Produktionsprozesse aufbauen, ihre Reserven und der gegenwärtige Verbrauch sind in Tab. 7 zusammengestellt.

Rohstoff	Schätzungen der Vorräte in 10^6 t		Verbräuche in 10^3 t/a		mittlerer Verbrauchs-zuwachs %	statischer Nutzungszeit-index /a/		exponentieller Nutzungszeit-index /a/	
	/27/	/44/	1968	1970					
Aluminium	1170		8844	9967,3	6,1	117		34	
Eisen	100000	477000	379000	427200	4,6	235	1110	54	86
Blei	91	109	3597	3805,5	2,8	24	28,6	18	21
Zink	123	162	4652	4873,7	2,4	25	33	20	24
Kupfer	308	304	6400	7174,8	4,6	43	42	24	23,4
Zinn	4,35	9,2	230,8	234,9	1,1	18,5	39	17	32
Mangan	800	539	9200		3	87	58	43	34
Nickel	66,5	76,5	493	565,5	4	118	135	44	46
Chrom	775	365	1700	1950	4	400	187	70	53
Wolfram	1,32	1,18	31,6	32,7	2	40	36	29	27
Molybdän	4,95	4,77	57	64,8	5	76	74	31	30,9
Gold	0,011	0,0296	1,4	1,443[+]	4	7,6	20,5	7	15
Silber	0,17	0,217	8,6	9,26	3,4	18	23	14	17
Platin	0,0133	0,0141	0,106	0,1053[+]	3,8	126	134	46	48
Quecksilber		0,204	9,3	10,04	2,7		20		16
Kadmium		0,525	14,5	16,33	6		32		18

[+] Werte für 1969

Tab. 7: Reserven, Verbräuche und Nutzungszeitindizes der wichtigsten metallischen Rohstoffe

Als Kennzahlen zur Beschreibung der Verfügbarkeitssituation der Rohstoffe dienen der statische und der exponentielle Nutzungszeitindex. Der statische Nutzungszeitindex gibt an, wie viele Jahre die Gesamtvorräte bei dem gegenwärtigen Verbrauch noch ausreichen würden. Der exponentielle Nutzungszeitindex berücksichtigt den exponentiellen Zuwachs des Verbrauchs und errechnet die Erschöpfungszeitpunkte der Rohstoffreserven mit der mittleren Zuwachsrate des Verbrauchs in der Vergangenheit. Bei beiden wird von der Annahme ausgegangen, daß eine Entdeckung neuer Vorkommen nicht stattfindet. Trotz der erheblichen Unterschiede in den Schätzungen der Rohstoffreserven (Tab. 7, Spalte 2) zeigt sich deutlich, daß für einige wichtige metallische Rohstoffe die bekannten Reserven noch nicht einmal den zu erwartenden Bedarf bis zum Jahre 2000 decken können. Man mag einwenden, daß bei Erschöpfung bekannter Vorräte die Anstrengungen zum Aufschluß neuer Vorkommen zunehmen werden und daß sowohl der statische, wie auch der exponentielle Nutzungszeitindex zur Beschreibung des Vorganges der Rohstoffnutzung wenig realistisch ist, weil er weder Preiserhöhungen bei Verknappung in Betracht zieht, noch die durch die Preiserhöhungen bewirkten Substitutionsprozesse berücksichtigt. Alle diese Einwände können über die bei weiterem exponentiellen Anstieg des Rohstoffverbrauchs zu erwartende prekäre Situation für die Rohstoffversorgung, auch in Anbetracht der Langwierigkeit von Substitutionsprozessen, nicht hinweghelfen, und es wäre sicher unverantwortlich, sich allein auf die Entdeckung weiterer Rohstoffreserven zu verlassen. Selbst die recht unwahrscheinliche Verfünffachung der heutigen Reserven würde bei einem exponentiellen Wachstum den Erschöpfungszeitpunkt nur unwesentlich hinausschieben können.

Der Lebensweg des Rohstoffs, vereinfachend gekennzeichnet durch seine Gewinnung mit anschließender Verarbeitung zu einem mehr oder weniger nützlichen Produkt, endet nach einer gewissen Zeit, indem er zur Vergrößerung des Abfallproblems beiträgt. Allein die Veränderung dieses Prozesses scheint langfristig unser Rohstoffproblem mildern zu können.

Abb. 36 zeigt schematisch die Möglichkeiten, die zur Reduzierung des direkten Materialstroms von den Rohstoffreserven zum festen Abfall und damit zu einer Schonung der Rohstoffreserven führen:

- Die Rezyklierung der Rohstoffe
- Die Reduzierung der Abfallerzeugungsrate

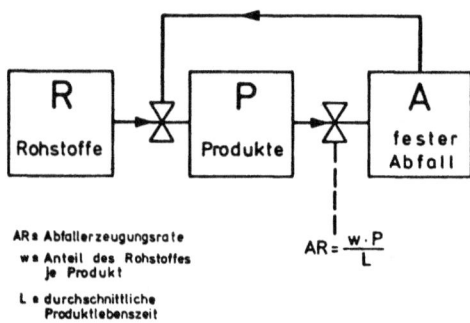

Abb. 36: *Schematische Darstellung der Lösungsmöglichkeiten des Rohstoffverknappungsproblems*

Aus der Gleichung AR = w . P/L lassen sich drei Wege zur Reduzierung der Abfallerzeugungsrate ableiten:

1. Die Verringerung der Produktmenge.
   Dies ist aber nicht erwünscht, weil die Folge ein Absinken des materiellen Lebensstandards wäre.

2. Die Herabsetzung des Rohstoffanteils je Produkt

3. Die Erhöhung der durchschnittlichen Produktlebenszeit.

Das Modell des Rohstoffsektors (Abb. 37) ist so angelegt, daß diese Maßnahmen und ihre Auswirkungen explizit simuliert werden können. Die modellmäßige Darstellung der Rohstoffrezyklierung soll im folgenden näher erläutert werden. Die Rohstoffmenge, die rezykliert wird, ist nach marktwirtschaftlichen Gesichtspunkten sowohl abhängig von den Rezyklierungskosten als auch von den Extraktionskosten. Sind die Abbauaufwendungen der Rohstoffe in erster Näherung eine Funktion des Restvorrates, so werden die Rezyklierungskosten im wesentlichen vom Rezyklierungsgrad, d. h. dem Prozentsatz des rezyklierten Rohstoffs, bestimmt. Mit steigendem Rezyklierungsgrad steigen auch die Rezyklierungskosten.

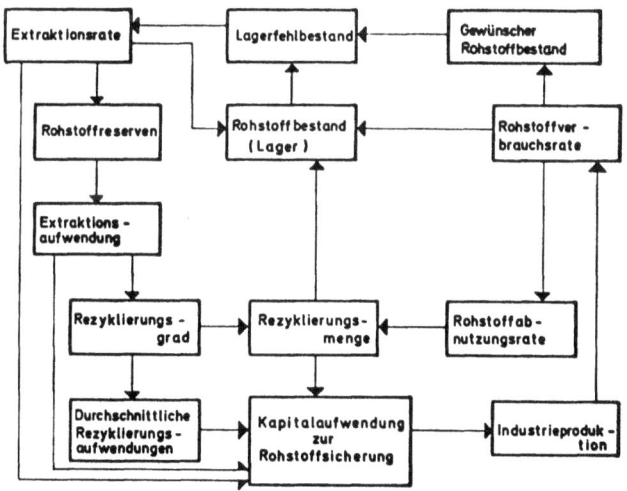

Abb. 37: Loopstruktur des Rohstoffsektors

Sind die Rezyklierungsgrenzkosten (zusätzliche Kosten für
einen weiteren Prozentanteil rezyklierten Materials) den Extraktionskosten des Rohstoffs gleich, so ergibt sich daraus der
wahrscheinliche Rezyklierungsgrad, da eine weitere Erhöhung der
rezyklierten Menge teurer wäre als die Extraktion. Die durchschnittlichen Rezyklierungskosten erhält man durch Integration
über die Grenzkosten. Die Kapitalaufwendungen für die Rohstoffsicherung errechnen sich somit aus den Aufwendungen für die
Rezyklierung und die Extraktion. Die Rezyklierungskosten umfassen die Kosten für das Sammeln, Lagern, Sortieren und Rezyklieren der Rohstoffe. Wegen des Aggregationsgrades der Modellgrößen - es wird nur mit einem repräsentativen Rohstoff gerechnet - war die Bestimmung der Rezyklierungsgrenzkosten ein
besonderes Problem, da sie normalerweise für jeden Rohstoff
unterschiedlich sind. Sicher war nur der qualitative Verlauf,
d. h. Zunahme der Rezyklierungsaufwendungen mit ansteigendem
Rezyklierungsgrad. Der Einfluß der mit einer gewissen Unsicherheit behafteten Rezyklierungskosten auf das Modellverhalten
wurde in einer Sensibilitätsanalyse untersucht.

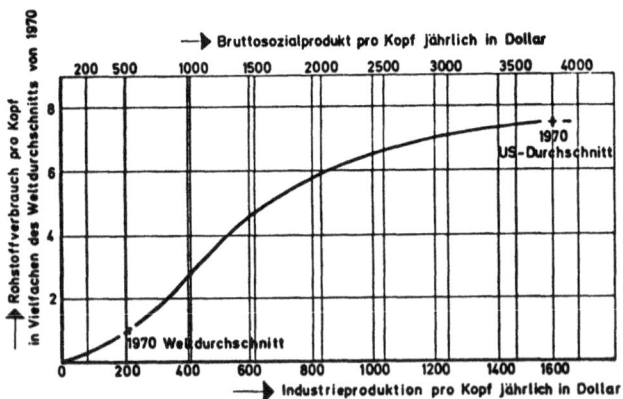

Abb. 38: *Abhängigkeit des Rohstoffverbrauchs von der Industrieproduktion /27, 29/*

Die Festlegung der Rohstoffreserven bereitete aus den gleichen
Gründen Schwierigkeiten. Unter Zugrundelegung von Tab. 7 wurde
für den repräsentativen Rohstoffvorrat ein statischer Lebens-
zeitindex von 250 a angenommen, was in Anbetracht der Werte
in Tab. 7 optimistisch ist. Für den Rohstoffverbrauch pro
Kopf in Abhängigkeit von der Industrieproduktion pro Kopf wurde der von Meadows /27, 29/ angegebene Zusammenhang (Abb. 38)
benutzt.

7.6 Der Energiesektor

7.6.1 Der Energieverbrauch

Die moderne Industriegesellschaft kann man deuten als eine
komplizierte Maschine, die wertvolle Energie in Abfallwärme
umwandelt, um die Energie bereitzustellen, die für die Schaffung
von Gütern und Dienstleistungen notwendig ist /50/. Dieses
Bild erklärt die gerade in jüngster Zeit durch die amerikanische
Energiekrise wieder in den Blickpunkt gerückte totale Abhängigkeit der modernen Industriegesellschaft von einer funktionieren-

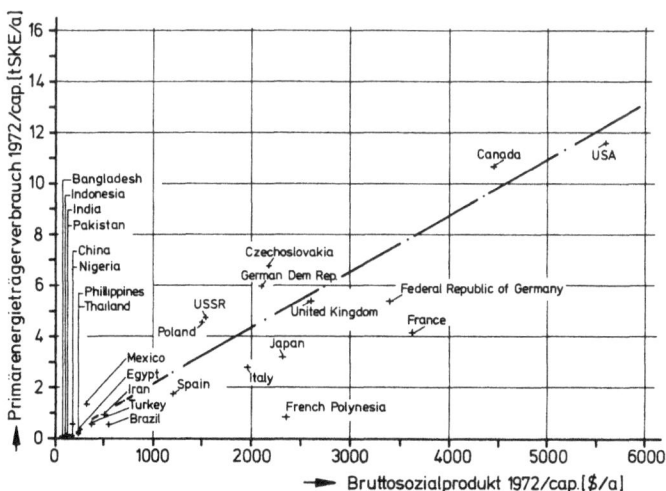

Abb. 39: Energieverbrauch und BSP weltweit

den Energieversorgung. Historisch ist es deshalb wohl auch kein
Zufall, daß die Industriealisierung ihren Anfang und ihre stürmische Entwicklung in den Ländern (z. B. Großbritannien,
Deutschland, USA) nahm, die umfangreiche Energiequellen zur Verfügung hatten. Die enge Korrelation zwischen Energieverbrauch
und wirtschaftlichem Wachstum (s. Abb. 39 und Abb. 40) ist in
verschiedenen statistischen Untersuchungen nachgewiesen worden.

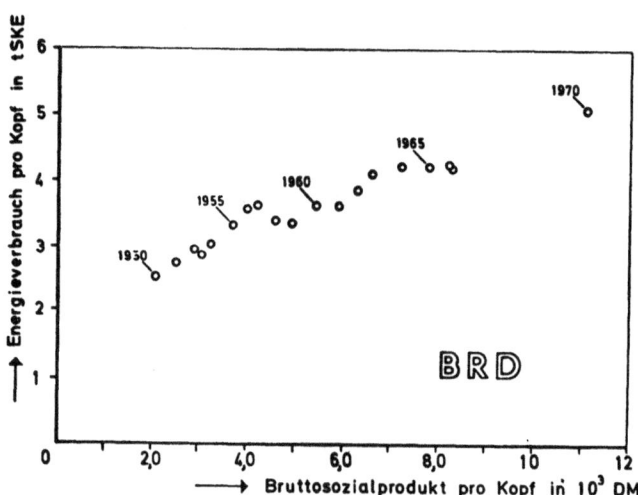

Abb. 40: Energieverbrauch und BSP in der BRD

Gegenwärtig werden in der Welt über 8,0 Mrd t SKE/a an Primärenergie verbraucht. Bei einer Weltbevölkerung von rund 4 Mrd
errechnet sich damit der durchschnittliche Pro-Kopf-Verbrauch
zu 2,1 t SKE/a . Kopf . Wie weit dieser Wert noch von einem
möglichen Sättigungswert entfernt ist, mag Tab. 8 mit den regionalen Energieverbräuchen verdeutlichen. Selbst in den USA,
die derzeit den höchsten pro Kopfverbrauch haben, deuten

keinerlei Anzeichen auf die baldige Erreichung eines Sättigungswertes hin.

Region	Primärenergieverbrauch pro Kopf in t SKE/Kopf . a
USA	11,3 t SKE/Kopf . a
UDSSR	5,7 "
EWG (6)	4,6 "
Japan	3,3 "
Weltdurchschnitt	2,1 "

Tab. 8: Spez. Energieverbrauch für verschiedene Verbrauchsregionen /49/

An der Deckung des gegenwärtigen Weltenergieverbrauchs sind die fossilen Primärenergieträger Kohle, Erdöl und Erdgas mit 95 % beteiligt. Obwohl dies zu Beginn dieses Jahrhunderts nicht anders war, haben in der Vergangenheit tiefgreifende Substitutionsprozesse die Struktur des Energieverbrauchs verändert. Die Kohle hat ihre Vorrangstellung verloren, sie wurde abgelöst von Erdöl und Erdgas (Abb. 41).
Hält der jährliche Zuwachs des Weltenergieverbrauchs mit über 6 % auch in der Zukunft an, so werden die zu erwartenden Änderungen diejenigen der Vergangenheit sowohl in ihrem Ausmaß als auch in ihrem Tempo bei weitem übertreffen. Der Energiesektor will die Dynamik der Substitutionsprozesse, ihre Gründe und ihre Auswirkungen darstellen.

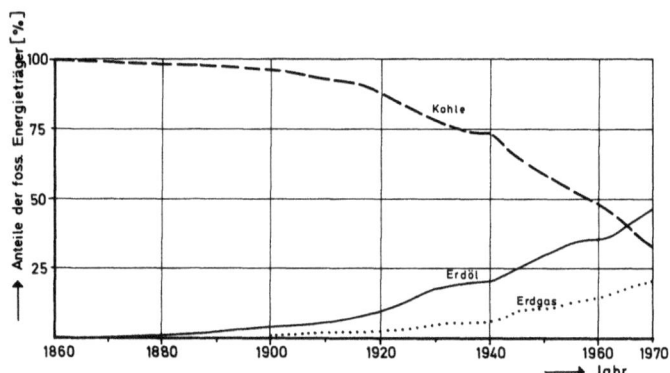

Abb. 41: Verbrauchsanteile der fossilen Energieträger

Wie aus dem Strukturdiagramm (Abb. 42) ersichtlich, werden
zur Erklärung dieser Substitutionsvorgänge im wesentlichen
die Primärenergieträgerkosten, ihre Verfügbarkeit und ihre
Nutzungseigenschaften benutzt. Diese Loopstruktur gilt
sinngemäß für alle behandelten Primärenergieträger Kohle,
Erdöl, Erdgas und die Kernenergie. Bei den regenerativen
Energiequellen, deren Vorräte ja nicht erschöpfen, werden
die Energiekosten als Funktion der Ausschöpfung des Potentials
beschrieben. Bevor die Sektorstruktur näher beschrieben wird,
soll im folgenden Kapitel ein Überblick über die Reserven-
situation der oben genannten Primärenergieträger gegeben werden.

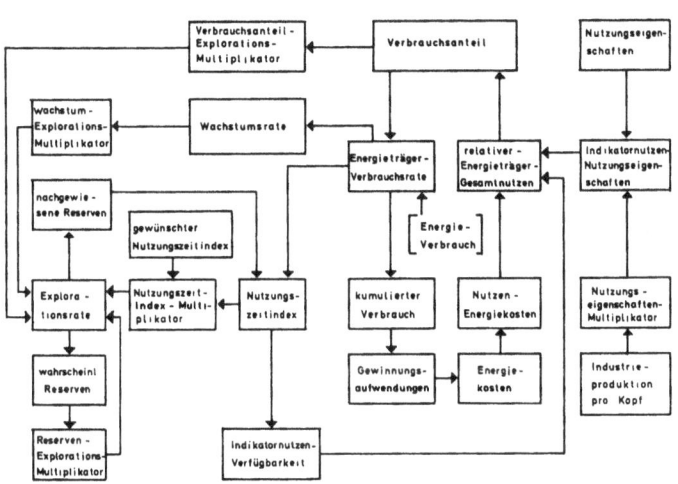

Abb. 42: Loopstruktur des Energiesektors

7.6.2 Die Energiereserven

7.6.2.1 Die Reserven an nicht reproduzierbaren Primärenergieträgern

Bei den Angaben über die Vorräte an Primärenergieträgern wird im folgenden unterschieden zwischen gesicherten Vorräten $R_{ass.}$ (reasonably assured), vermuteten zusätzlichen Vorräten R_{add} (estimated additional) und den höchstmöglichen nutzbaren Vorräten R. Die Zahlenwerte wurden durch eine Auswertung der neuesten zugänglichen Schätzungen ermittelt.

Primärenergieträger	Einheit	Vorräte R_{ass} 10^9	R 10^9	Energieäquivalent 10^9 t SKE	Quelle	Bemerkungen
Kohle	t	1300	2585	2585	/52/	
			7600	7600	/53/	
			4300	4300	/54/	unterer Schätzwert
Erdöl	t	83,1		110	/56/	
		83	195	254	/54/	unterer Schätzwert
			305	400	/54/	
			365	480	/54/	mit Ölsand und Ölschiefer
			270	350	/57/	
Erdgas	t SKE	54		54	/58/	
			233	233	/57/	
			250	250	/54/	unterer Schätzwert

Tab. 9: *Schätzungen der fossilen Primärenergievorräte*

Die Tab. 9 gibt einen Überblick über die verschiedenen Schätzungen der Vorräte der fossilen Energieträger. Die unterschiedlichen Mengenangaben sind wohl in erster Linie durch die Annahme unterschiedlicher Ausbeutefaktoren zu erklären. Da erhebliche Differenzen zwischen den Schätzwerten der Vorräte der einzelnen Energieträger bestehen, wird für die Modellrechnungen jeweils von einem unteren und oberen Schätzwert für die maximal nutzbaren Vorräte für das Jahr 1900 ausgegangen. Die verwendeten Werte sind in der folgenden Tabelle enthalten.

Primärenergie-träger	höchstmögl.nutzbarer Vorrat in 10^9 t SKE		Prozentualer Anteil	
	unterer Schätzw.	oberer Schätzw.	%	%
Kohle	4300	7600	88	90
Erdöl	320	480	6.5	5.5
Erdgas	265	390	5.5	4.5
Total	4885	8470	100	100

Tab. 10: *Unterer und oberer Schätzwert für die nutzbaren Vorräte der fossilen Energieträger*

Sie zeigt, daß der überwiegende Anteil der fossilen Energieträger aus Kohle besteht (90 %). Die Vorräte an Erdöl und Erdgas machen je nur etwa 5 % der Gesamtvorräte aus. Ausgehend von den anfänglichen Gesamtvorräten von $7,6 \cdot 10^{12}$ t SKE Kohle, sind bis 1970 etwa nur 1,5 % dieser Vorräte verbraucht worden. Beim Erdöl betrug der kumulierte Verbrauch bis 1970 etwa 9,5 % und beim Erdgas etwa 4 % des oberen Schätzwertes dieser Vorräte. Sollten die fossilen Energieträger auch in Zukunft mit weiter steigenden Abbauraten ausgebeutet werden, so werden sie in einer Zeitspanne von wenigen Jahrhunderten ausgebeutet worden sein, während es einer Zeit von etwa $700 \cdot 10^6$ Jahren bedurfte sie aufzubauen.

Zur Berechnung der in der Erdkruste vorhandenen Menge verschiedener Elemente bedient man sich der Clarkezahl. Sie gibt die Häufigkeit eines Elements am Aufbau der Erdkruste in ppm an. Die in der Literatur angegebenen Clarkezahlen für Uran schwanken zwischen 2 und 9 ppm. Geht man von einem durchschnittlichen Urangehalt von 3 ppm für die oberen zweieinhalb Kilometer der

Erdkruste aus, so errechnet sich die insgesamt in ihr enthaltene
Uranmetallmenge zu 3000 Mrd t /59/. Andere Autoren /60/ beziffern
die in der Erdkruste vorhandene Menge an Uran auf 100 000 Mrd t,
wozu noch die Uranmenge des Meeres mit 5 Mrd t Urankarbonat hin-
zuzurechnen ist. Die Frage nach den nutzbaren Uranreserven ist
bei diesen ungeheuren Vorräten ein Preis- und kein Mengenproblem.
Deshalb ist es üblich, die Schätzungen der Uranvorräte in Preis-
kategorien einzuteilen. Tab. 11 gibt einen Überblick über die
billigen Uranreserven bis zu Gewinnungskosten von 80 $/kgU /61/.

Preisbereich $/kgU	sichere Vorräte 10^3t U	zusätzl. wahrsch. Vorräte 10^3tU	Energieäquivalent 10^9 tSKE	10^9 tSKE
bis 25 $/kg	772	680	2130	1880
26-40 $/kg U	595	510	1640	1410
40-80 $/kg U	375	1150	1040	3180
	1742	2340	4810	6470
		4082		11280

Tab. 11: *Uranvorräte im Preisbereich ≤ 80 $/kgU*

Das Energieäquivalent der Uranreserven mit Gewinnungskosten
bis 80 $/kgU ist etwa 1,3 - 2,3 mal größer als das der nutzbaren
fossilen Energieträger. Schließt man in diese Rechnung die
Uranreserven höherer Kostenkategorien und die Gewinnungsmög-
lichkeiten aus dem Meerwasser mit ein, so sind die Uranvorkommen
im Preisbereich 1000 $/kgU etwa 24-42 mal größer als die nutz-
baren fossilen Energiereserven. Tab. 12 enthält die Angaben über
die Uranreserven im Preisbereich 1000 $/kgU nach /60/.

Preisklasse	Erdkruste 10^6 tU	Preisklasse	Meerwasser 10^6 tU	Energieäquivalent 10^{12} tSKE
<100 $/kgU	5,5			15,2
100-200 $/kgU	15	bis 200 $/kgU	,4	42,5
200-1000 $/kgU	13	200-1000 $/kgU	40	146
$\sum$	33,5		40,4	203,7

Tab. 12: Uranreserven im Preisbereich ≤ 1000 $/kgU

Im Meerwasser sind nach /60/ etwa $4 \cdot 10^9$ t Uran enthalten. Nimmt man im Kostenbereich bis 200 $/kgU einen Förderfaktor von 10^{-4} und im Kostenbereich bis 1000 $/kgU einen Förderfaktor von 10^{-2} an, so betragen die unter diesen Bedingungen aus dem Meer gewinnbaren Uranmengen $4 \cdot 10^6$ bzw. $40 \cdot 10^6$ tU.

Für Thorium gibt es bis heute keinen kommerziellen Markt wie für Uran. Das ist der Hauptgrund für die geringen Kenntnisse über die Thoriumvorräte. Mandel /60/ gibt die sicheren Thoriumvorräte mit Gewinnungskosten bis 75 $/kg Th mit $220 \cdot 10^3$ t Th und die wahrscheinlichen Reserven für diesen Preisbereich mit $1230 \cdot 10^3$ t Th an. $40 \cdot 10^6$ t Th sind nach /62/ mit einem Kostenaufwand von unter 1000 $/kg Th förderbar. Obwohl die kontrollierte Kernfusion bis heute technisch nicht realisiert worden ist, kann man das in ihr ruhende Potential nicht außer acht lassen. Von den möglichen Fusionsreaktionen ist wahrscheinlich die Deuterium-Tritium-Reaktion zuerst realisierbar.

$$D + T \rightarrow He^4 + n + 17,6 \text{ MeV}$$

Das für diese Reaktion notwendige Tritium wird durch Brüten aus Lithium erzeugt.

$$Li^7 + n \rightarrow He^4 + T + n' - 2,47 \text{ MeV}$$
$$Li^6 + n \rightarrow He^4 + T + 4,78 \text{ MeV}$$

Der begrenzende Faktor für diese Reaktion ist der Vorrat an Lithium. Bohn /62/ gibt die förderbare Lithiummenge mit $200 \cdot 10^6$ t an. Mit einem Energieäquivalent von $2.2 \cdot 10^{14}$ J/kg für das natürliche Lithiumgemisch errechnet sich die gewinnbare Energiemenge zu $15 \cdot 10^{14}$ t SKE.
Für die Deuterium-Reaktion

$$6 D \rightarrow 2 He^4 + 2p + 2n + 43,1 \text{ MeV}$$

ergibt eine ähnliche Abschätzung ausgehend von einer Gewichtskonzentration von 16,6 ppm Deuterium in Wasser und einer gewinnbaren Deuteriummenge von $2000 \cdot 10^6$ t D einen potentiellen Energieinhalt von $3,41 \cdot 10^{16}$ t SKE /62/. Der Deuteriumverbrauch einer eventuellen vorherigen D-T-Fusionstechnologie ist dabei nicht berücksichtigt. Der nutzbare Energievorrat der Fusion wäre damit etwa 150 mal größer als die Energie, die durch Spaltung der Uranvorräte bis 1000 $/kgU erzeugt werden kann.

7.6.2.2 Die Potentiale der regenerativen Primärenergiequellen

Unter den regenerativen Energiequellen sollen hier diejenigen Energiereservoire verstanden werden, die sich durch eine Nutzung nicht erschöpfen - zumindest nicht in Zeiträumen die hier zur Diskussion stehen -, sondern sich ständig erneuern. Es sind dies die solare Strahlungsenergie, die Wind- und Wellenenergie, die Wasserkraft, die Meeres- und Atmosphärenwärme sowie die Erdwärme und Gezeitenenergie.
Alle diese Energiequellen lassen sich letztlich auf

- die Energie der Sonne
- die thermische Energie des Erdinnern und
- die kinetische Energie der Planeten zurückführen.

Die Sonnenenergie stellt dabei mit einer auf die Erde eingestrahlten Leistung von 178 Milliarden MW die größte kontinuierliche Energiequelle des Menschen dar, die allein erst das Leben auf diesem Planeten ermöglicht. Etwa 33% der auf die Erdatmosphäre eingestrahlten Sonnenenergie werden von ihr direkt reflektiert; weitere 45% werden von der Erdoberfläche in Form von Wärmestrahlung wieder in den Weltraum abgestrahlt. Der verbleibende Rest dient vornehmlich der Aufrechterhaltung des Wasserkreislaufs (etwa 22%) sowie zur Aufrechterhaltung der atmosphärischen und ozeanischen Strömungen. Nur etwa 1 °/oo der eingestrahlten Sonnenenergie wird durch die Photosynthese umgesetzt.

Bei der technischen Nutzung der Sonnenenergie treten zwei Probleme auf, die ihr nutzbares Potential erheblich einschränken. Dies ist zunächst einmal ihre geringe Energiedichte, die bei der solaren Strahlungsenergie gemittelt über das Jahr und die geographischen Breiten nur 160 W/m^2 beträgt. Hieraus resultiert ein großer Flächenbedarf zur Nutzbarmachung der Sonnenenergie. Das zweite für die Nutzung der Solarenergie typische Problem resultiert aus den jahres- und tageszeitlichen Schwankungen des Sonnenenergieangebots und erfordert die Speicherung von Energie, um den stetigen Bedarf decken zu können.

Angaben über das nutzbare Potential der Sonnenenergie sind kaum möglich, da die Grenzen der Nutzung der Sonnenenergie weniger durch ihre Quantität als durch die Probleme des Flächenbedarfs, des Energietransports und der Energiespeicherung bestimmt werden. Das theoretische Potential der solaren Strahlungsenergie auf der Landfläche der Erde hingegen berechnet sich zu etwa $2,6 \cdot 10^8$ TWh/a.

Nach der Sonnenenergie kommt der Geothermie vom Potential her betrachtet der zweite Rang unter den regenerativen Energieträgern zu. Aus der latenten und stetig noch durch Isotopenzerfall entstehenden Wärme des Erdkörpers resultiert ein Wärmestrom aus dem Erdinnern, der an der Erdoberfläche durchschnittlich $6,27 \cdot 10^{-6}$ W/cm^2 beträgt. In geothermischen Anomalien - und allein diese scheinen für eine energetische Nutzung geeignet - treten nun Wärmestromdichten und damit Temperaturgradienten auf, die wesentlich größer sind. Diese geothermischen Anomalien trifft man vor allem in vulkanischen Gebieten an, wo durch vulkanische Prozesse das heiße Magma näher an die Erdoberfläche gefördert worden ist. Die Angabe des Potentials der weltweiten geothermischen Anomalien ist aufgrund unzureichender geothermischer Daten nur mit großen Unsicherheiten möglich. Es wird heute auf etwa $0,55 \cdot 10^{12}$ t SKE geschätzt.

Die Gezeiten entstehen aus den periodischen Überlagerungen der Gravitationskräfte von Erde, Mond und Sonne. Dabei führt der Einfluß der Sonne zu periodischen Resonanzerscheinungen der Gezeitenkräfte, die die gezeitenerzeugende Kraft bei Neu- und Vollmond verstärken; man spricht dann von einer Springtide. Hebt die Sonne im ersten und letzten Mondviertel einen Teil der Gravitationskräfte des Mondes auf, so entsteht eine Nipptide. Die Sonne ist also verantwortlich für die großen Schwankungen des Tidenhubes (Unterschied zwischen Ebbe und Flut) und damit für das ungleichmäßige Angebot an potentiell nutzbarer Energie. Die Energie, die durch die Gezeiten letztlich dissipiert, läßt sich aus der Veränderung der kinetischen Energie des Systems Erde-Mond-Sonne errechnen. Sie beträgt etwa 3×10^6 MW. Da der für eine technische Nutzung notwendige Tidenhub von mindestens 3 m nur an wenigen günstig geformten Küstenregionen der Erde vorkommt beträgt das technisch nutzbare Potential der Gezeitenenergie nur etwa 200 GW.

7.6.3 Die Energiekosten

7.6.3.1 Der Energiekostenloop

Zur Beschreibung der dynamischen Substitutionsprozesse zwischen den Primärenergieträgern wird der im Abschnitt 6 entwickelte verzögerte Nutzwertansatz verwendet. Der Nutzen eines Energieträgers wird dabei mit den Indikatoren Energiekosten, Verfügbarkeit und Nutzungseigenschaften ermittelt.

Der Energiekostenloop (Abb. 43) beschreibt den Zusammenhang zwischen den Energiekosten und dem Verbrauchsanteil eines Primärenergieträgers am Gesamtverbrauch. Unter Energiekosten werden dabei alle Kosten verstanden, die bei der Nutzung eines Primärenergieträgers anfallen, also neben den Gewinnungs- und Transportkosten auch die Umwandlungskosten in eine andere Energieform. Die Energiekosten sind der entscheidende Faktor für die Ermittlung des Verbrauchsanteils des betreffenden Primärenergieträgers. Der kumulierte Verbrauch wirkt über die Gewinnungsaufwendungen wieder auf die Energiekosten zurück. Ein erhöhter Abbau des Energieträgers führt über höhere Gewinnungskosten zu höheren Energiekosten und über einen reduzierten Verbrauchsanteil zu einer geringeren Verbrauchsrate, d. h. der Energiekostenloop ist negativ rückgekoppelt. Dieser Wirkungszusammenhang gilt natürlich nur für die nicht reproduzierbaren Energieträger.

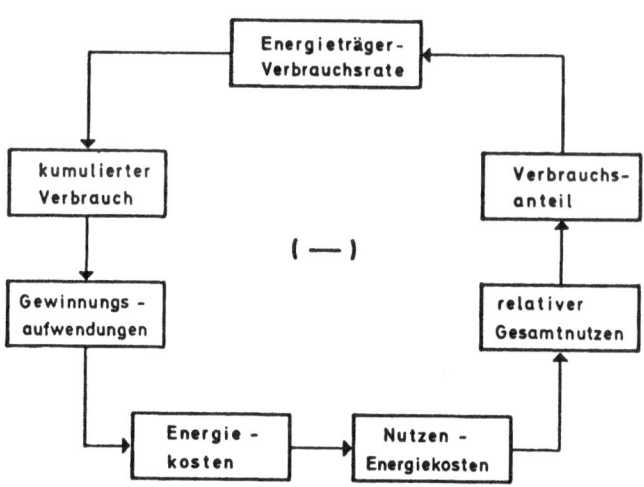

Abb. 43: Der Energiekostenloop

7.6.3.2 <u>Die Primärenergieträgergewinnungskosten</u>

Ein wichtiger Bestandteil des Energiekostenloops sind die Gewinnungskosten der Primärenergieträger. Abb. 42 zeigt die Entwicklung der Weltdurchschnittspreise der fossilen Primärenergieträger ab Quelle bzw. ab Zeche seit 1900.

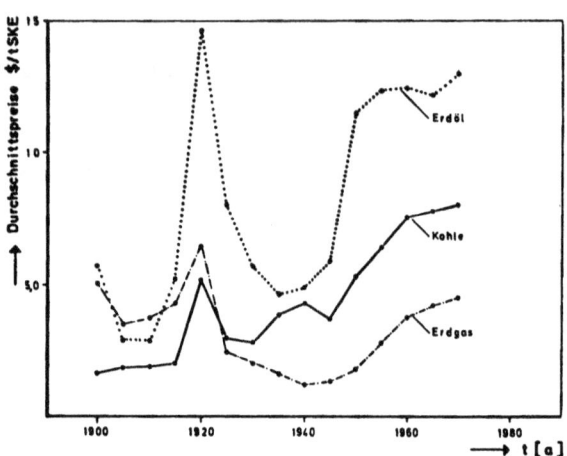

Abb. 44: *Entwicklung der Weltdurchschnittspreise der fossilen Primärenergieträger ab Quelle bzw. ab Zeche*

Die Kosten für die Primärenergiegewinnung werden im Modell als Funktion des kumulierten Verbrauchs, oder was gleichbedeutend ist, als Funktion des Primärenergierestvorrates dargestellt. Diese gewiß simplifizierende Form führt zu einer einfachen Handhabung und ist aufgrund der langfristigen globalen Untersuchungsziele auch gerechtfertigt.

In der Regel werden zuerst die leichter auszubeutenden Lagerstätten abgebaut, bevor man sich an den Abbau der weniger ergiebigen gibt. Daß dabei dann höhere Gewinnungskosten ent-

stehen, kann auch durch die technische Weiterentwicklung der
Fördertechnik, die wie die Erfahrung zeigt, in der Anfangsphase des Ausbeutungszeitraumes am effektivsten ist, nicht
vermieden werden. Die Preisentwicklung des Erdgases (Abb. 44)
verdeutlicht die durch den technischen Fortschritt in der
Anfangsphase der Ausbeutung, die bei Erdgas etwa um 1900 begann, erzielbare Reduzierung der Gewinnungskosten. Allen Primärenergieträgern gemeinsam ist, daß mit weiter zunehmendem
Abbau der Reserven die Gewinnungskosten wieder ansteigen werden.
Bei der Kohle wird dies im wesentlichen bedingt durch die Notwendigkeit, mit zunehmendem Abbau aus immer größeren Tiefen
fördern zu müssen. Bei Öl und Erdgas werden die Gewinnungskosten auch durch erhöhte Prospektionskosten ansteigen, die
beim Übergang von Kontinental- zu Schelf- und Tiefseebohrungen

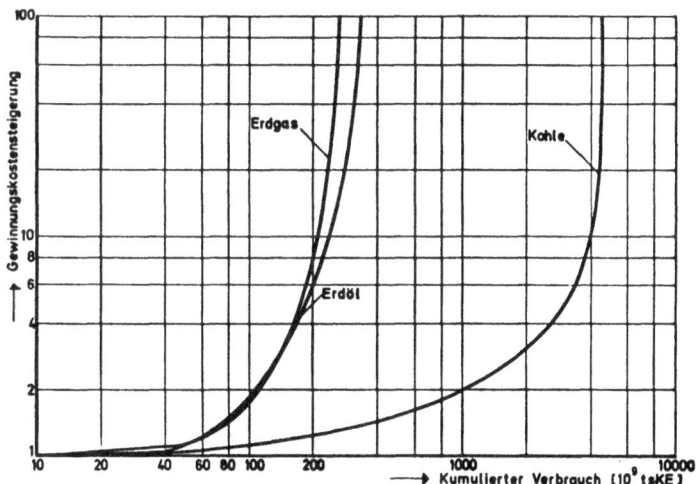

Abb. 45: Kostenentwicklung der Primärenergiegewinnungskosten als Funktion des kumulierten Verbrauchs

anfallen. Auch der Zwang zur mechanischen Förderung der Restlager-Vorräte, hervorgerufen durch nachlassenden Lagerstättendruck, wird die Förderkosten zwangsläufig ansteigen lassen. In Abb. 45 sind die erwarteten Steigerungen der Energiegewinnungskosten als Funktion des kumulierten Verbrauchs aufgetragen.

7.6.3.3 Die Energieträgernutzungskosten

Unter Energieträgernutzungskosten sind alle Kosten mit Ausnahme der Energieträgergewinnungskosten zu verstehen, die bei der Nutzung eines Primärenergieträgers in Form von Anlage-, Betriebs-, Transport-, Verteilungs- und Speicherungskosten anfallen. Natürlich ist die Angabe von energieträgerspezifischen Nutzungskosten bei den mannigfältigen Verwendungs- und Umwandlungsmöglichkeiten ein schwieriges Problem. Primärenergieträger können sowohl in Sekundärenergie, wie z. B. Strom und Wärme umgewandelt werden, als auch direkt als Endenergieträger, wie z. B. beim Heizen mit Erdgas, genutzt werden. Ein Vergleich der energieträgerspezifischen Nutzungskosten ist streng genommen deshalb nur bei gleichem Verwendungszweck möglich. Dennoch kann man durch eine genaue Analyse und durch sorgfältige Vergleiche zu Rangordnungen für die Nutzungskosten kommen, die auch die unterschiedlichen Verwendungsmöglichkeiten berücksichtigen. Dieses Vorhaben wird erleichtert dadurch, daß der Anteil an Primärenergieträgern, der nicht in einen Sekundärenergieträger umgewandelt wird, ständig abnimmt, so z. B. in der BRD von 45,5 % im Jahre 1950 auf 10,6 % im Jahre 1969. Der wichtigste Umwandlungssektor ist die Strom- und Sekundärwärmeerzeugung. Die dabei anfallenden relativen energieträgerspezifischen Umwandlungskosten können deshalb als Grundlage zur Ermittlung der Nutzungskosten dienen. Ein anderer wichtiger Kostenfaktor sind die Transportkosten. Abb. 46 gibt einen Überblick über die Transportkosten verschiedener Energieträger. Der Transport von Kohle ist danach weitaus teurer als der von Erdgas und erst recht der von Erdöl. Die Stromerzeugungs- bzw. Wärmegestehungskosten eines Kraftwerks setzen sich zusammen aus den Anlage-, Betriebs- und Brennstoffkosten.

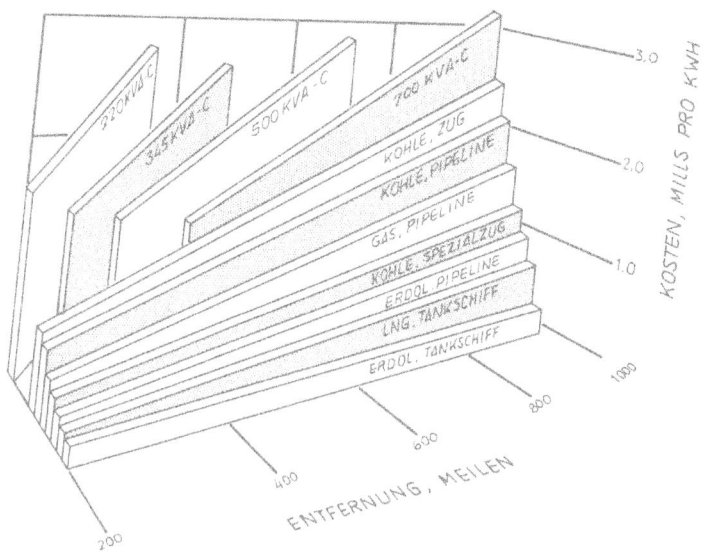

Abb. 46: Durchschnittliche Transportkosten verschiedener Energieträger /63/

Die spez. Brennstoffkosten für fossile Kraftwerke sind nahezu direkt proportional den Gewinnungs- und Transportkosten des Brennstoffs, während bei Kernkraftwerken noch ein Fixkostenanteil für die Zins- und Steuerbelastungen des Brennstoffinventars hinzukommt.

Die folgende Tabelle und Abb. 47 zeigen die Anlagekosten bzw. die Brennstoffkosten verschiedener Kraftwerke.

Energieträger	Leistung MW_e	Anlagenbarwert DM/KW_e	jährliche Festkosten $DM/KW_e \cdot a$
Steinkohle	600	1020	163,20
Heizöl	600	810	129,60
Erdgas	600	760	121,60
LWR	1300	1150	184,00
HTR	1200	1200	192,00

Tab. 13: Anlagenbarwert und jährliche Festkosten verschiedener Kraftwerke, Preisbasis 1974

Die Anlagekosten fossiler Kraftwerke liegen bei etwa 60-80 % der Anlagekosten nuklearer Kraftwerke.

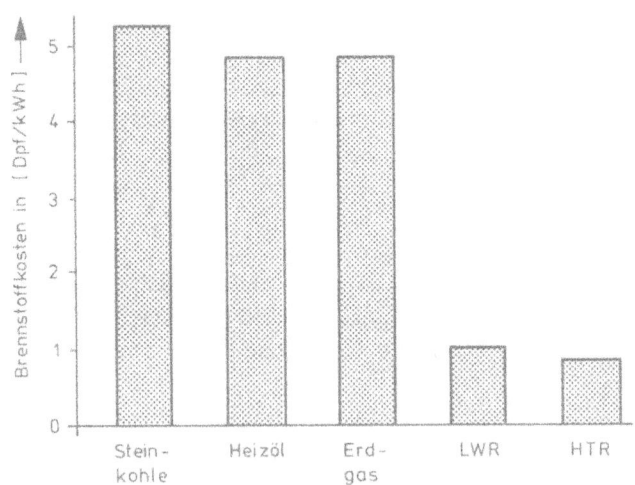

Abb. 47: Vergleich der Brennstoffkosten verschiedener Kraftwerke

Aus beidem wird die unterschiedliche Kostenstruktur zwischen
Kernkraftwerken mit ihren hohen Anlagekosten und sehr niedrigen Brennstoffkosten und den fossil befeuerten Kraftwerken
mit relativ niedrigen Anlage- und hohen Brennstoffkosten deutlich. Diese Kostenstruktur und die Tatsache, daß die Uran-Erzkosten bei Kernreaktoren nur einen geringen Teil der Brennstoffzykluskosten ausmachen sind im wesentlichen verantwortlich
für das recht unterschiedliche Verhalten gegenüber einer Verteuerung der Brennstoffkosten.

Abb. 48 zeigt die Abhängigkeit der Brennstoffkreislaufkosten
vom Uranerzpreis.

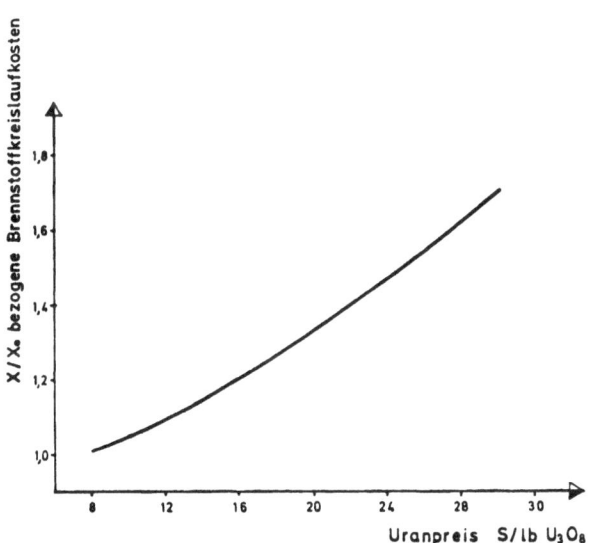

Abb. 48: Abhängigkeit der Brennstoffkreislaufkosten vom Uranerzpreis nach /64/

Eine Verdopplung des Uranerzpreises von 8 auf 16 $/lb U_3O_8 führt zu einer Erhöhung der Brennstoffkreislaufkosten um 20 %, die sich in den Stromerzeugungs- bzw. Wärmekosten nur mit weniger als 10 % niederschlägt. Die wesentlich stärkere Abhängigkeit der Stromerzeugungskosten bei fossilen Kraftwerken verdeutlicht Abb. 49.

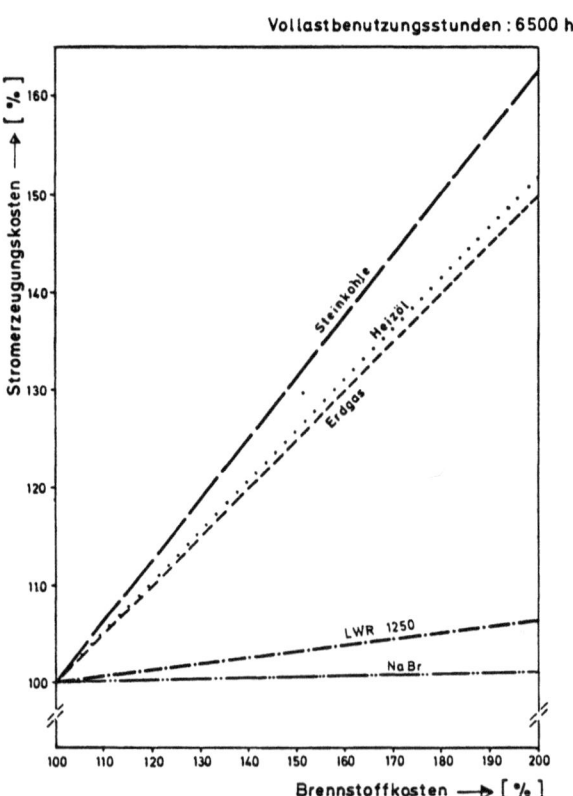

Abb. 49: *Abhängigkeit der Stromerzeugungskosten verschiedener Kraftwerke von den Brennstoffkosten nach /66/*

Anhand von Abb. 49 lassen sich die Auswirkungen von Kostenänderungen der verschiedenen Primärenergieträger auf die Kosten der umgewandelten Energie beschreiben. Da zur Bestimmung der Energiegewinnungskosten der kumulierte Verbrauch benutzt wird, erfolgt im Programm eine Multiplikation der relativen Energiekosten eines Bezugsjahres (1970) mit einem Energiekostenmultiplikator, der die Veränderung dieser Kosten in Abhängigkeit vom kumulierten Verbrauch angibt. Ausgehend von den durchschnittlichen Gewinnungskosten der fossilen Energieträger im Jahre 1970 von

8 $/tSKE für Kohle

12,5 $/tSKE für Erdöl

4,5 $/tSKE für Erdgas

und unter Berücksichtigung durchschnittlicher Transportkosten zu einem mittleren Bestimmungsort sowie der durchschnittlichen energieträgerspezifischen Nutzungskosten wurden die relativen Energiekosten für das Jahr 1970 wie folgt abgeschätzt (normierte Werte)

Kohle   1
Erdöl   6
Erdgas   .55
Kernenergie .65

Sind die relativen energieträgerspezifischen Energiekosten bestimmend für die Auswahl eines Primärenergieträgers, so beeinflußt die Höhe der Aufwendungen zur Energiebereitstellung und Nutzung die mögliche industrielle Produktion. Der Energiekostenanteil macht, wie verschiedene Untersuchungen gezeigt haben /67, 68/, heute etwa 4 % der Gesamtproduktionskosten aus.

7.6.4 Verfügbarkeit und Nutzungseigenschaften der
Primärenergieträger

Als weitere Kriterien für die Wahl eines Energieträgers werden
seine Verfügbarkeit und seine Nutzungseigenschaften benutzt. Für
die regionale Verfügbarkeit eines Energieträgers sind eine
ganze Reihe von Faktoren, wie z. B. eigene Vorkommen, langfristige Lieferverträge, politische Verhältnisse in den Förderländern usw. von Bedeutung, weltweit gesehen ist sie aber
in erster Linie eine Funktion der bekannten Reserven. Die Beschreibung durch die Reserven allein reicht aber nicht aus.
Hier wird deshalb zur Beschreibung der Verfügbarkeit eines
Energieträgers sein statischer Nutzungszeitindex benutzt,
also das Verhältnis aus nachgewiesenen Reserven und aktuellem
Verbrauch. Dieser Zeitindex hat in der Vergangenheit für Erdöl und Erdgas trotz exponentieller Zunahme der Verbrauchsraten
stetig zugenommen (Tab. 14) und liegt heute etwa bei 35 a .

Jahr	Statischer Nutzungszeitindex für	
	Erdöl a	Erdgas a
1900	17	-
1910	13	-
1920	10,2	11
1930	14 (1935)	23
1940		31
1950	20	
1960	38	40
1970	36	37

Tab. 14: Entwicklung des statischen Nutzungszeitindex für
Erdöl und Erdgas

Diese überproportionalen Explorationsanstrengungen sind zurückzuführen einmal auf eine positive Einschätzung der Absatzmöglichkeiten dieser Energieträger und zum anderen auf die Bestrebungen, die Versorgung mit diesen wichtigen Energieträgern für einen möglichst langen Zeitraum sicherzustellen. Diese Motivationen zur und die Wechselwirkungen bei der Erschließung neuer Reserven werden im Modell durch die in Abb. 48 wiedergegebene Loopstruktur nachgebildet. Die Explorationsaufwendungen werden bestimmt von der erwarteten Nachfrage und dem Reserven-Verbrauchsverhältnis

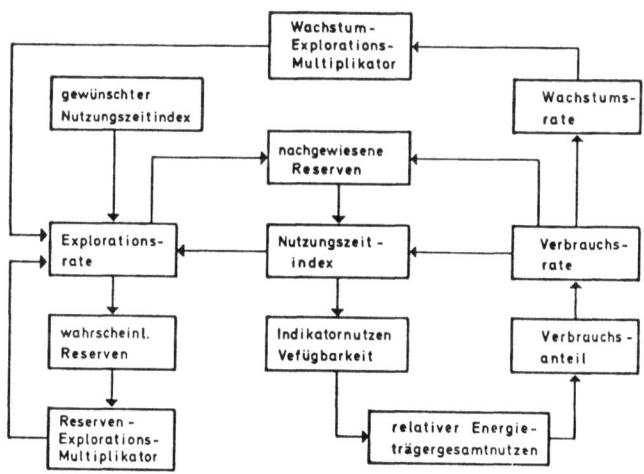

Abb. 50: Loopstruktur der Primärenergieträgerexploration

Die Dynamik dieses Prozesses wird bestimmt von den Zeitverzögerungen zwischen einer Verstärkung der Prospektionstätigkeit und der Erschließung neuer Reserven. Mit Hilfe des Indikators "Nutzungseigenschaften" sollen Vor- und Nachteile bei der Verwendung der einzelnen Energieträger bewertet werden. Der Begriff der Nutzungseigenschaften umfaßt die Eigenschaften des Brennstoffs, wie Bequemlichkeit und Sauberkeit bei der Handhabung, Möglichkeiten der Lagerung, Betriebssicherheit, erreichbares Temperaturniveau und andere technisch interessante Eigenschaften. Sie werden mit Hilfe einer gewichteten Präferenzliste zur Ermittlung der energieträgerspezifischen Nutzungseigenschaften bestimmt. Das Gewicht der Nutzungseigenschaften bei der Auswahl eines Energieträgers, z. B. gegenüber seinen Kosten, ist natürlich nicht konstant, sondern es ist abhängig von der Bereitschaft des Verbrauchers, für die besseren Nutzungseigenschaften eines Energieträgers mehr aufzuwenden. Diese Bereitschaft ist umso größer, je höher sein materieller Wohlstand ist. Im Modell wird das Gewicht der Nutzungseigenschaften bestimmt vom Industrieoutput pro Kopf als dem Indikator für den materiellen Wohlstand. Die mit Hilfe von Nutzwertfunktionen ermittelten gewichteten Nutzwerte der einzelnen Indikatorausprägungen (Energiekosten, Verfügbarkeit, Nutzungseigenschaften) werden zum zeitabhängigen Gesamtnutzen eines Energieträgers zusammengefaßt, der für den Anteil dieses Energieträgers am Energieverbrauch bestimmend ist. Das vollständige Gleichungssystem des beschriebenen Modells mit allen verwendeten funktionalen Abhängigkeiten und den Anfangswerten enthält Anhang A.

8. SIMULATIONSLÄUFE

8.1 Das Grundverhalten des Modells

In diesem Kapitel sollen die verschiedenen Alternativen zukünftiger Energieversorgungssysteme auf ihre Auswirkungen, ihre Notwendigkeit, ihren Nutzen und die Chancen und Möglichkeiten ihrer Realisierung untersucht werden. Die Aussagemöglichkeit des Modells ist dabei gemäß den Zielsetzungen auf die langfristigen globalen Strukturwandlungen und Entwicklungen der zukünftigen Energieversorgung beschränkt. Es sei an dieser Stelle noch einmal darauf hingewiesen, daß der Zweck dieses Modells nicht die exakte Prognose zukünftiger Entwicklungen ist, dazu ist in vielen Modellsektoren der Grad der Vereinfachung zu groß und andere, die zukünftige Entwicklung mitbestimmende Faktoren, wie z. B. die Landwirtschaft, sind explizit nicht berücksichtigt. Es geht um die Untersuchung der allgemeinen Dynamik des Energiesystems und ihre Beeinflussung durch menschliche Eingriffe, das Aufzeigen von kritischen Zuständen im Energiesystem, Strategien zu ihrer Verhinderung, Untersuchungen über die Notwendigkeit neuer Energieversorgungssysteme und die Untersuchung eventueller Grenzen des Energieverbrauchs. Dies alles ist nur in einem sehr eingeschränkten Sinn des Wortes eine Voraussage, beschränkt auf die Beschreibung des charakteristischen Systemverhaltens. Es fehlt also, und dies mit voller Absicht, der direkte Bezug zwischen der Ausprägung einer Prognosegröße und ihrer zeitlichen Realisierung, der Teil einer guten Prognose ist.

Der für die Rechnungen notwendige und in den Computerplots sich wiederspiegelnde Bezug zwischen der Ausprägung einer Modellvariablen und ihrem zeitlichen Bezug ist deshalb nur qualitativ zu verstehen. Die Rechnungen beginnen im Jahre 1900. Bis zum Jahre 1970 stimmen die Werte der Modellgrößen mit den historischen Werten, soweit sie bekannt sind, überein. Die wichtigsten Zustandsgrößen des Modells wie Bevölkerung, Industrieproduktion, Energieverbrauch und Rohstoffverbrauch befinden sich seit 1900 in einer mehr oder weniger starken exponentiellen Wachstumsphase.

Die Bevölkerung wuchs in diesem Zeitraum von 1,6 Milliarden auf heute 3,6 Milliarden an, und der Energieverbrauch versiebenfachte sich auf heute über $7 \cdot 10^9$ t SKE/a. Neben diesem gewaltigen Anstieg des gesamten Energieverbrauchs ist die Entwicklung im Energiesektor auch durch tiefgreifende strukturelle Änderungen gekennzeichnet. Der Anteil der Kohle an der Deckung des Energiebedarfs sank von 95 % auf 33 %, während Erdöl und Erdgas heute den größten Teil des Energiebedarfs decken. Die Rohstoffsituation im Jahre 1970 wird durch einen angenommenen Nutzungszeitindex von 250 a charakterisiert. Unterstellt man, daß die in der Vergangenheit gültigen Beziehungen und Strukturen auch in der Zukunft weiterbestimmend sind, so läßt sich das Systemverhalten quasi unter Status-quo-Bedingungen untersuchen. Abb. 51 und Abb. 52 zeigen das Grundverhalten bei Annahme dieser Status-quo-Bedingungen. Die wichtigsten, diesem Standardlauf zugrundeliegenden Hypothesen sind:

a) keine drastischen Maßnahmen zur Beschränkung des Bevölkerungswachstums,

b) Rohstoffreserven mit einem statischen Nutzungszeitindex von 250 a im Jahre 1970,

c) keine Rohstoffrezyklierung,

d) unterer Schätzwert für die Energievorräte der fossilen Energieträger,

e) kein Einsatz der Kernenergie oder anderer neuer Energiequellen,

f) keine Maßnahmen zur Reduzierung der Umweltverschmutzung.

Das Systemverhalten ist durch die Fortsetzung des exponentiellen Wachstums der Bevölkerung, der Industrieproduktion und des Energieverbrauchs bis in das nächste Jahrhundert (Abb. 51) gekennzeichnet. Die Krise, sichtbar am starken Abfall der Industrieproduktion pro Kopf und am Rückgang der Bevölkerung, hat ihre

Ursache in der Erschöpfung der Rohstoffreserven. Die nach 1970 weiter exponentielle Zunahme der Industrieproduktion führt schnell zu steigenden Rohstoffpreisen. Die stetig wachsenden Kapitalaufwendungen zur Sicherung der Rohstoffversorgung führen zu stetig steigenden spez. Kapitalaufwendungen für die Industrieproduktion, wodurch letztlich auch die Investitionen zur Vergrößerung des Industriekapitals zurückgehen. Der Zusammenbruch der industriellen Produktion ist unvermeidlich, wenn wegen der Erschöpfung der Rohstoffreserven die Kapitalaufwendungen enorm ansteigen und die endgültige Erschöpfung der Rohstoffreserven eine industrielle Produktion unmöglich macht. Die Auswirkungen dieser Entwicklung auf die Bevölkerung kann man sich leicht ausmalen. Die Energiereserven (hier wurde nur mit den unteren Schätzwerten für die fossilen Energieträger gerechnet) bilden keinen begrenzenden Faktor, da nur (siehe Abb. 51) 20 % der anfänglichen Reserven verbraucht werden. Dieses scheinbar beruhigende Resultat täuscht aber, denn die Struktur des Energieverbrauchs wird sich grundlegend verändern, ähnlich wie zwischen 1900 und 1970, nur wird für diese durch die Erschöpfung der Erdöl- und Erdgasvorräte erzwungenen Strukturveränderungen nur etwa die Hälfte der Zeit zur Verfügung stehen. Selbst die in diesem Standardlauf doch recht kurze Periode weiteren exponentiellen Wachstums 30 a des Energieverbrauchs führt zur Erschöpfung der Erdöl- und Erdgasreserven, so daß die Kohle unter den vorausgesetzten Status-quo-Bedingungen etwa in den 90-iger Jahren eine neue Renaissance erleben würde. Natürlich ist das Einfrieren auf Status-quo-Bedingungen eine wenig realistische Annahme zukünftiger Entwicklungstendenzen, dennoch kann man zwei Schlüsse aus dem Modellverhalten ziehen:
Erstens man muß intensiv nach Lösungen zur Vermeidung der Rohstoffverknappung suchen und zweitens werden Erdöl und Erdgas nur für kurze Zeit den wachsenden Energiebedarf decken können. Neben der in diesem Simulationslauf verwendeten Hypothese des Weiterwirkens vergangener Entwicklungstendenzen mag man auch die zugrundegelegten Schätzungen über die ausbeutbaren Rohstoff- und Energiereserven für zu niedrig halten oder man ist

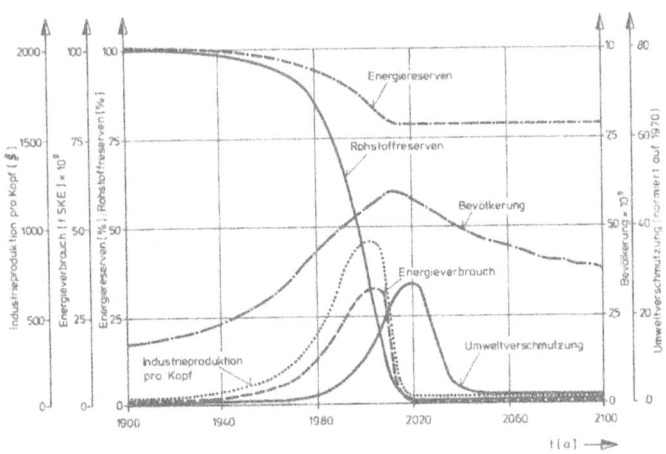

Abb. 51: Standardlauf

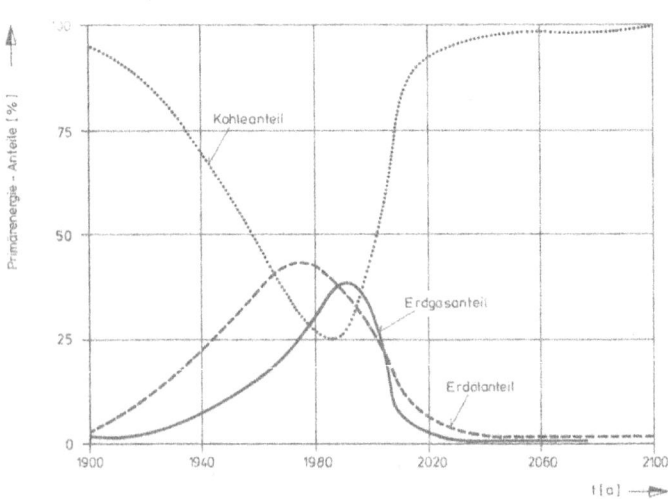

Abb. 52: Entwicklung des Energiesektors im Standardlauf

der Meinung, daß auch zukünftig neue Rohstoff- und Energiequellen nutzbar gemacht werden. Alle diese möglichen, zum großen Teil an den technischen Fortschritt gebundenen, Entwicklungen sollen in den folgenden Simulationsläufen auf ihre Eignung zur Lösung der zukünftigen energie- und rohstoffbedingten Schwierigkeiten hin untersucht werden. Der Standardlauf wird dabei als Vergleichsgrundlage dienen.

8.2 Strategien zur Vermeidung der Rohstoffkrise

Der Standardlauf zeigte, daß der erste, das Wachstum der industriellen Entwicklung beschränkende, Faktor die Erschöpfung der nicht reproduzierbaren Rohstoffe ist. Obwohl die gemachte Annahme, daß die Rohstoffvorräte von 1970 bei gleichbleibender Verbrauchsrate noch 250 Jahre ausreichen würden, recht optimistisch ist, soll nun angenommen werden, daß durch die Verbesserung der Rohstoffgewinnungsmethoden und durch die Entdeckung neuer Rohstofflager die nutzbaren Rohstoffvorräte verdoppelt werden.

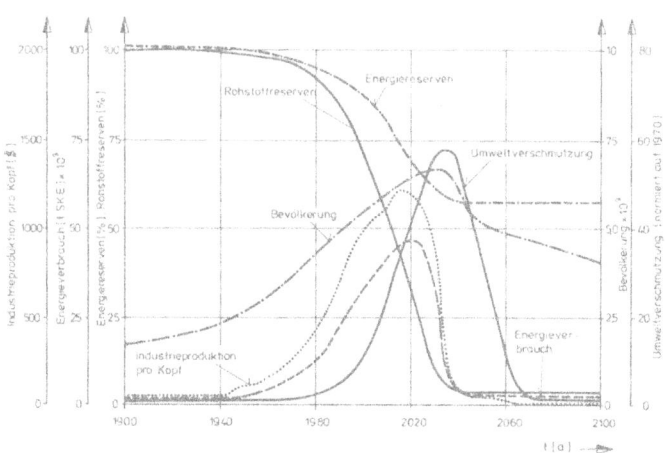

Abb. 53: *Verdopplung der Rohstoffreserven*

Die Auswirkungen dieser Annahme zeigt die Abb. 53.
Die vergrößerten Rohstoffreserven können die Wachstumsgrenze
der Industrieproduktion nur unwesentlich hinausschieben. An
diesem Umstand werden die Folgen exponentiellen Wachstums
deutlich. Dazu noch die folgenden Zahlenangaben:
In den zehn Jahren von 1970 - 1980 werden etwa so viele Rohstoffe verbraucht werden wie im Zeitraum von 1900 - 1970. In
den nächsten zehn Jahren werden es schon dreimal soviel sein.
Die Bevölkerungskrise ist in diesem Fall nicht allein eine
Folge des Rückgangs der Industrieproduktion sondern auch die
Konsequenz der plötzlichen Zunahme der Umweltverschmutzung,
welche zu einer Erhöhung der Sterberate führt.

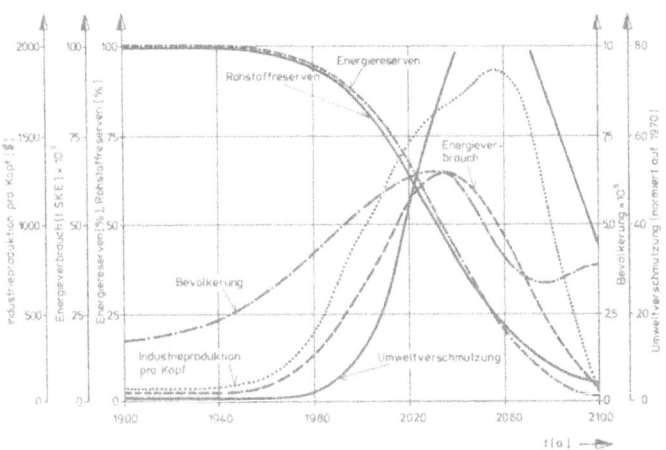

*Abb. 54: Verdoppelte Rohstoffreserven und verringerter
spez. Rohstoffverbrauch*

Neben der Vergrößerung der Rohstoffreserven würde auch ein
verringerter spez. Rohstoffverbrauch, erreicht z. B. durch
technische Fortschritte bei der Produktkonstruktion und -pro-
duktion, zu einer Verlängerung der Nutzungszeit der Rohstoffreserven führen. Nimmt man an, daß neben einer Verdopplung der
Rohstoffreserven ab 1970 zusätzlich der spez. Rohstoffverbrauch
auf 50 % reduziert werden kann, so zeigt das System das in
Abb. 54 dargestellte Verhalten. Abermals kann die Rohstoffverknappung nur um einige Jahre hinausgeschoben werden, sie
wird aber von der Erschöpfung der fossilen Energieträger begleitet. Beide Effekte werden von einer Umweltkrise über-
schattet, die die Folge der stark gestiegenen Industrieproduktion ist. Trotz einer auf ihrem Höhepunkt im Vergleich zu
heute 10-fach höheren Industrieproduktion erreicht die Industrieproduktion je Einwohner, bedingt durch das gleichzeitig
starke Anwachsen der Bevölkerung, nur etwa den Wert, der
heute in den Vereinigten Staaten anzutreffen ist.
Welche Auswirkungen hat die zeitweilige Verbesserung der Rohstoffsituation auf den Energiesektor? Wie bereits bemerkt,
führt die Verlängerung des Wachstums der Industrieproduktion
zu einem vergrößerten Energiebedarf, der bei der letzten Strategie sogar zu einer Erschöpfung der in diesem Fall verfügbaren
fossilen Energieträger führt. Dennoch ändert sich an der
Struktur, d. h. an den Mengenverhältnissen der eingesetzten
Primärenergieträger gegenüber dem Standardlauf fast nichts.
Die Erschöpfung der Erdöl- und Erdgasreserven erfolgt schon
so früh, daß zur Deckung des gegenüber dem Standardlauf größeren
Energiebedarfs nur die Kohle zur Verfügung steht. Größere
Rohstoffvorräte und sparsamere Rohstoffverwendung können nur
kurzfristig Besserung bringen, was einsichtig ist, denn auch
größere Reserven sind begrenzt und je nach der Wachstumsrate
mehr oder weniger schnell aufgezehrt. Die einzig denkbare
langfristige Lösung ist die Abkehr vom "Ex-und-hopp"-Prinzip
bei der Nutzung der Rohstoffe, d. h. man muß die verbrauchten
Rohstoffe wiederverwenden. Dies bedeutet eine Abkehr von un-
seren Verbrauchsgewohnheiten. Den meisten Produkten, und damit

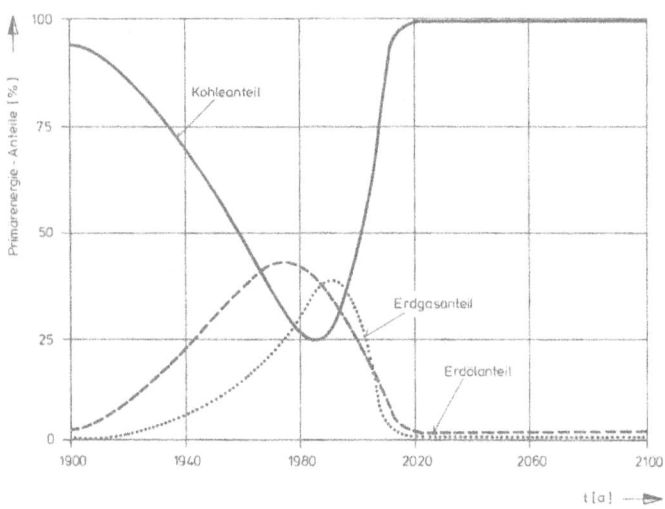

Abb. 55: *Energieverbrauchsstruktur bei verdoppelten Rohstoffreserven und besserer Rohstoffnutzung*

auch den in ihnen verarbeiteten Rohstoffen, wird nach einer
gewissen Nutzungszeit kein Wert mehr zugemessen, sie sind
verbraucht. In diesem Sinne verbrauchte Produkte bzw. Rohstoffe sind aber im physikalischen Sinne nicht verloren.
Man findet sie nur mehr oder weniger fein verteilt, in che-
misch anderer Form, oder in Verbindung mit anderen Stoffen
auf den Mülhalden und im Abwasser wieder, womit sie auch
noch zur Vergrößerung des Umweltproblems beitragen. Durch geeignete technologische Verfahren ist es möglich, diese "verbrauchten Rohstoffe" wieder nutzbar zu machen, sie zu rezyklieren, d. h. in den Rohstoffkreislauf wieder einzufügen.
Geeignete Rezyklierungsverfahren sind z. T. noch nicht entwickelt, zum anderen heute noch zu unwirtschaftlich.

Die Wirtschaftlichkeit der Rezyklierung kann nur im Vergleich
mit den Extraktionskosten beurteilt werden. Da die Verknappung
der Rohstoffe immer mit einer Verteuerung begleitet ist,
existiert hier ein marktwirtschaftlicher Mechanismus, der über
kurz oder lang die Rezyklierung der Rohstoffe auch ökonomisch
reizvoll macht. Es soll nun überprüft werden, welchen Beitrag
eine Rohstoffrezyklierung nach marktwirtschaftlichen Gesichtspunkten zur Verbesserung der Rohstoffsituation leisten kann.
Rezyklierung nach marktwirtschaftlichen Gesichtspunkten bedeutet dabei, daß sich der Rezyklierungsanteil aus dem Vergleich
der Extraktions- und Rezyklierungskosten ableitet. Bei einem
Rezyklierungsgrad von 90 % liegen die geschätzten Rezyklierungsgrenzkosten etwa 10 mal höher als die heutigen Rohstoffextrak-
tionskosten. Es wird angenommen, daß sie ausgehend von den
heutigen Extraktionskosten mit zunehmendem Rezyklierungsgrad
linear auf diesen Wert ansteigen.

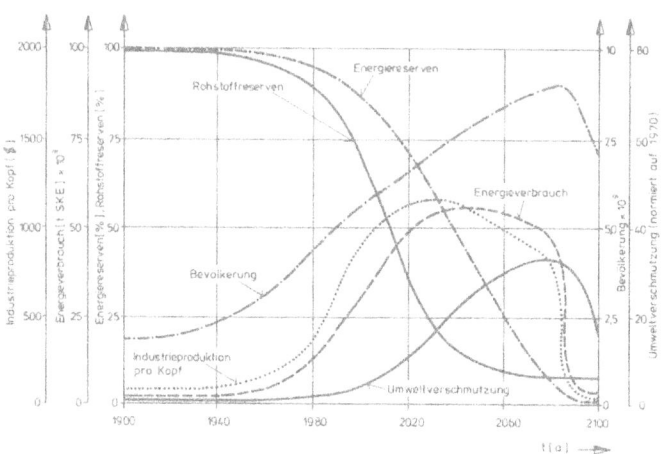

Abb. 56: *Die Auswirkungen der Rohstoffrezyklierung*

Neben der Rohstoffrezyklierung sollen in diesem Beispiel auch
Umweltschutzmaßnahmen simuliert werden. Sie sind natürlich
mit Kosten verbunden, die sich als zusätzliche Aufwendungen in
den Produktionskosten niederschlagen. Es wird für diese und
die folgenden Strategien angenommen, daß der spezifische Um-
weltverschmutzungsfaktor (Umweltbelastung je Produkteinheit)
schrittweise, beginnend mit dem Jahre 1970, reduziert wird und
im Jahre 1980 nur noch halb so groß ist wie heute.

Die auffälligste Auswirkung dieser Alternativstrategie ist das
stetige Anwachsen der Bevölkerung bis zum Ende des Betrachtungszeitraumes auf über 9 Mrd. Menschen. Trotz der großen Bevölkerungszahl kann der materielle Lebensstandard, repräsentiert durch die Industrieproduktion pro Kopf, lange Zeit auf
einem hohen Niveau gehalten werden. Die Folge dieses hohen
Lebensstandards ist die Erschöpfung der Energiereserven, die
damit zum begrenzenden Faktor für eine weitere, auf gleich-
bleibend hohem Level befindliche, Industrieproduktion wird
(Abb. 56). Die Entwicklung der Primärenergieverbrauchsstruktur
hat sich kaum verändert. Die Erdgas- und Erdölvorräte sind
schnell erschöpft, so daß die Kohle mit Beginn des nächsten
Jahrhunderts wieder zum Hauptenergieträger wird. Aber auch
ihre Vorräte werden infolge der schnellen industriellen Entwicklung bald erschöpft. Die positiven Auswirkungen der Rohstoffrezyklierung sind aus Abb. 57 ersichtlich. Durch die
Kostensteigerungen bei der Rohstoffextraktion wird die Rohstoffrezyklierung gegen Ende der 70er Jahre wirtschaftlich. Die
rezyklierte Rohstoffmenge steigt in den folgenden Jahrzehnten
exponentiell an, flacht dann aber infolge des durch die Energieknappheit bedingten Produktionsrückganges ab. Gegen Ende
des Betrachtungszeitraumes wird der gesamte Rohstoffbedarf mit
rezykliertem Material gedeckt.

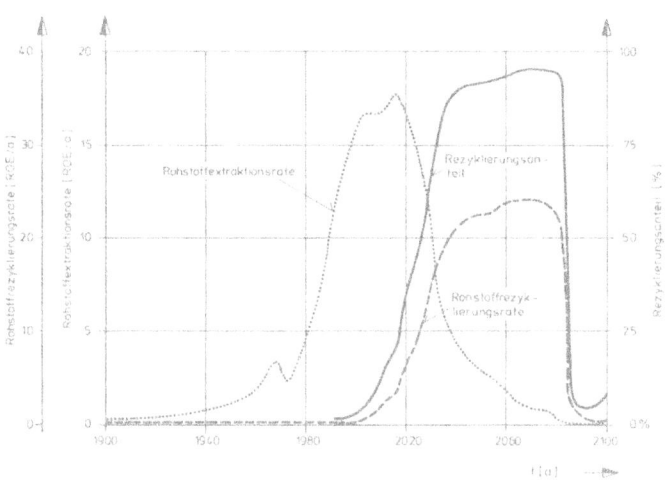

Abb. 57: Entwicklung der Rohstoffrezyklierung

Die Rezyklierung begann in diesem Fall erst gegen Ende
dieses Jahrzehnts, als die Rohstoffextraktion teurer wurde.
Wäre es nun nicht noch optimaler, mit der Rezyklierung schon
früher und in verstärktem Maße zu beginnen? Diese Frage soll
untersucht werden mit der Annahme, daß ab 1975 die Rezyklierung
quasi erzwungen wird. Vom marktwirtschaftlichen Standpunkt aus
würden z. B. die Besteuerung der Rohstoffextraktion, die Subventionierung der Rezyklierung und die verstärkte Entwicklung
kostengünstiger Rezyklierungstechnologien in Richtung auf eine
frühzeitigere und verstärkte Rohstoffrezyklierung wirken.
Abb. 58 zeigt die Auswirkungen einer erzwungenen Rezyklierung.
Da die Rezyklierung wesentlich teurer ist als die Extraktion,
steigen die Rohstoffkosten an. Das hohe Rohstoffkostenniveau

führt zu einer Verlangsamung des industriellen Wachstums, dadurch werden weniger Rohstoffe und Energie verbraucht. Letztlich tritt aber auch in diesem Beispiel die Krise durch die Verknappung der Energiereserven auf.

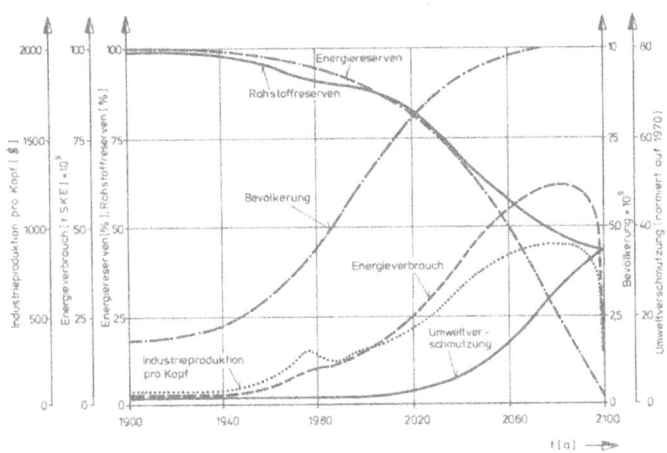

Abb. 58: *Erzwungene Rohstoffrezyklierung*

8.3 Wie lange reichen die fossilen Energieträger?

Die Schätzungen über die Gesamtvorräte der nutzbaren fossilen Energieträger gehen, wie vorher schon erläutert, weit auseinander. Sicher ist nur, daß die Erdgas- und Erdölgesamtvorräte einen Anteil von etwa 10 % haben, die Hauptmenge ist Kohle. Obwohl die nachgewiesenen Erdöl- und Erdgasreserven im letzten Jahrzehnt trotz exponentieller Zunahme des Verbrauchs ständig gewachsen sind, kann diese Entwicklung über die schon mittelfristig zu erwartenden Schwierigkeiten bei der Versorgung mit diesen Energieträgern nicht hinwegtäuschen, wie die vorangegangenen Simulationsläufe gezeigt haben. Das Verhältnis Nachgewiesene Reserven zu Verbrauch liegt heute sowohl beim Erdöl als auch beim Erdgas bei etwa 35 a . Dieses ungünstige Bild von den zukünftigen langfristigen Versorgungsmöglichkeiten wird noch erheblich verschlechtert, wenn man die Versorgungsstrukturen dieser Energieträger näher untersucht. In Tab. 15 sind die Verbräuche, die Förderung und die nachgewiesenen Reserven von Erdöl für verschiedene Wirtschaftsregionen zusammengestellt. Deutlich ist die Abhängigkeit der westeuropäischen Industrienationen und Japan von Öleinfuhren aus anderen Ländern zu erkennen.

Region	Verbrauch 1970 10^6 t	Förderung 1970 10^6 t	nachg. Reserven 1970 10^6 t
Westeuropa	604,1	16,3	468
Afrika	41	295,7	9893
Naher Osten	55,3	688,4	46902
Nordamerika	799,3	603,5	6437
Mittel- und Südamerika	131,8	267,5	3589
Mittlerer u. Ferner Osten	305,3	69,5	1941
UDSSR, China, Osteuropa	331,5	392,6	13854

Tab. 15: *Erdölförderung, -verbrauch und nachgewiesene Reserven nach Regionen /69/*

Auch die USA werden in Zukunft wegen der Erschöpfung ihrer
eigenen Reserven verstärkt auf die Einfuhr von Erdöl und Erdgas
angewiesen sein. Die Vergrößerung der Versorgungslücken bei
den Industrienationen wird durch die folgenden Abbildungen, die
die Entwicklung der Ölströme zeigen, noch besser verdeutlicht.

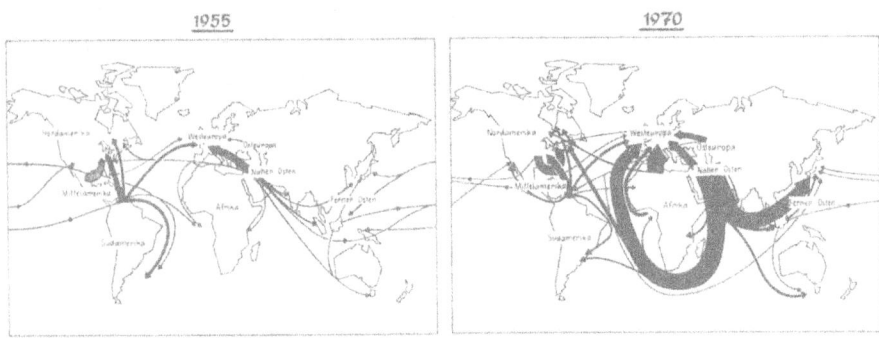

Abb. 59: Die Entwicklung der Ölströme /78/

Diese zunehmende Abhängigkeit der Industrieländer von Öl- und
Erdgaslieferanten aus zum großen Teil politisch unsicheren
Ländern ist eine weitere potentielle Wachstumsgrenze, die unter
Umständen schon erheblich früher wirksam werden kann als die
Verknappung dieser Energieträger. Erste Anzeichen zu einer Verschärfung der Situation auf dem Welterdölmarkt sind die drohende
Energiekrise in den USA und die steigenden Forderungen der erdölproduzierenden Länder. Der National Petroleum Council (NPC)
der USA veröffentlichte 1973 eine Untersuchung über die
Entwicklung der Preise für die heimischen Energieträger in den
USA /70/. Für vier unterschiedliche Annahmen über die Verfügbarkeit kommt der NPC zu der Aussage, daß die Preise frei Bohrloch beziehungsweise frei Grube bis 1985 für Erdöl um 60 bis

125 %, für Gas um 80 bis 250 % und für Kohle um rund 30 %
steigen werden. Daß diese Entwicklung nicht nur die USA betrifft, wird ausdrücklich erwähnt. Es gibt keine Sicherheit
dafür, daß ausländische Energien in Zukunft billiger sein
werden als inländische Lieferungen. Dies ist einsichtig, denn
die zu erwartenden Schwierigkeiten, die Energielücken aus
eigenen Quellen zu decken, werden zu einer stärkeren Nachfrage
der USA auf dem Weltmarkt führen, was sicher nicht zu einer
Preisberuhigung führt. In allen vorangegangenen Simulationsläufen wurde von einem unteren Schätzwert für die Reserven der
fossilen Energieträger ausgegangen. Können erhöhte fossile
Energievorräte die im vorangegangenen Simulationslauf aufgetretene Energieknappheit vermeiden helfen? Abb. 60 und Abb. 61
geben die Antwort auf diese Frage. Zugrundegelegt wurden die
Vorräte für die Kohle von $7600 \cdot 10^9$ t SKE, für das Erdöl von
$480 \cdot 10^9$ t SKE und für das Erdgas von $390 \cdot 10^9$ t SKE.
Wenn man so will, wird hier eine bisher in dieser Form nicht aufgetretene neue Grenze des Wachstums sichtbar, die Drosselung
der Produktion durch zu hohe Produktionskosten, in diesem Fall
zu hohe Rohstoff- und Energiekosten. Die Beschränkung des
Wachstums ist hier weniger ein Problem fehlender Rohstoffe oder
Energieträger sondern wird durch einen zu hohen Anteil der Aufwendungen für die Rohstoff- und Energiebereitstellung an den
gesamten Produktionsaufwendungen verursacht. Die Aufwendungen
zur Rohstoffgewinnung sind zum Beispiel am Ende des Berechnungszeitraumes über zehnmal höher als heute und dies bei einem
Rezyklierungsanteil von 95 %. Noch etwas Anderes, vielleicht
Wichtigeres, wird in diesem Simulationslauf deutlich. Auch
bei einer vollständigen Rezyklierung aller verbrauchten Rohstoffe kann bei insgesamt begrenzten Rohstoffvorräten nicht
jeder beliebig hohe Rohstoffbedarf gedeckt werden. Es gibt eine
obere Grenze, die dann erreicht ist,wenn sich der gesamte Rohstoffvorrat im Gebrauch, d. h. in seiner Nutzungsphase, befindet.
Die Rohstoffrezyklierung ist deshalb kein Freibrief für unbegrenztes Produktionswachstum, sondern nur eine notwendige Voraussetzung zur langfristigen Stabilisierung der rohstoffgebundenen Produktion auf einem hohen Niveau. Sie ist also zur

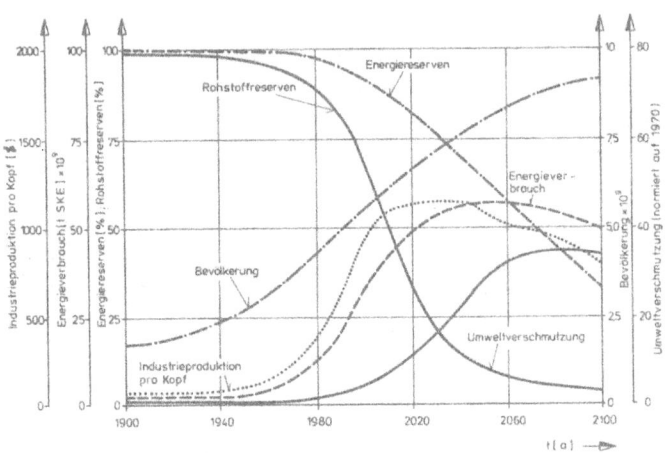

Abb. 60: Simulationslauf mit oberem Schätzwert für die Reserven der fossilen Energieträger

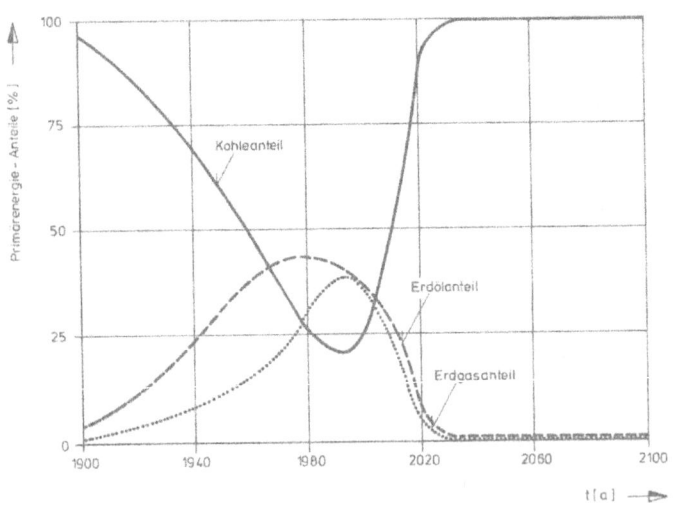

Abb. 61: Entwicklung der Energieverbrauchsstruktur bei größeren Reserven der fossilen Energieträger

Überleitung in eine langfristig stabilisierte industrielle Entwicklung unbedingt notwendig. Es sollen nun die Auswirkungen größerer fossiler Energiereserven auf die Entwicklung des Primärenergieverbrauchs näher betrachtet werden (Abb. 61) Die Annahme von um 50 % größeren Erdgas- und Erdölvorräten hat den Höhepunkt des Verbrauchs dieser Energieträger kaum verschoben. Er tritt wie in der vorangegangenen Strategie etwa zur Jahrhundertwende auf. Kann also der Nutzungszeitraum der Erdöl- und Erdgasvorräte durch ihre Vergrößerung nur unwesentlich verlängert werden, so bedeutet dies, daß ihre jährlichen Verbrauchswerte höher liegen müssen. Dies ist in der Tat zutreffend, die Spitzenverbrauchswerte liegen beim Erdöl um 50 % und beim Erdgas um 30 % über denen bei der Rechnung mit den niedrigen Reserven. Diese höheren Verbrauchsanteile von Erdöl und Erdgas führen zu einem geringeren Bedarf an Kohle, so daß der kumulierte Verbrauch bis zum Jahre 2000 etwa um 20 % unter dem des vorangegangenen Laufes liegt. Mit zunehmender Erschöpfung der Erdöl- und Erdgasreserven übernimmt die Kohle dann aber wieder den Hauptteil der Energieversorgung.

8.4 Die Notwendigkeit des Kernenergieeinsatzes

Die Schlüsselrolle, die die Energieversorgung für die zukünftige Entwicklung der Menschheit spielt, ist unumstritten. Infrage gestellt werden deshalb auch nicht die Anstrengungen zur langfristigen Sicherung der Energieversorgung an sich, sondern kontrovers sind vielmehr die Vorstellungen über die Wege zur Erfüllung dieser Aufgabe. Einige sehen in der Nutzung der regenerativen Energiequellen die einzig vernünftige Lösung, andere wollen die Entwicklung der Kernfusion verstärken, wieder andere halten in absehbarer Zeit die Nutzung der Kernspaltung für unumgänglich, während noch andere auf die fossilen Energieträger vertrauen wollen. Fest steht, daß heute und in diesem Jahrzehnt allein die Nutzung der fossilen Energieträger und die Kernspaltung die technischen und ökonomischen Voraussetzungen für eine sichere Energieversorgung bieten. Die in der Vergangenheit entwickelte erste Generation von Kernreaktoren hat mittlerweile

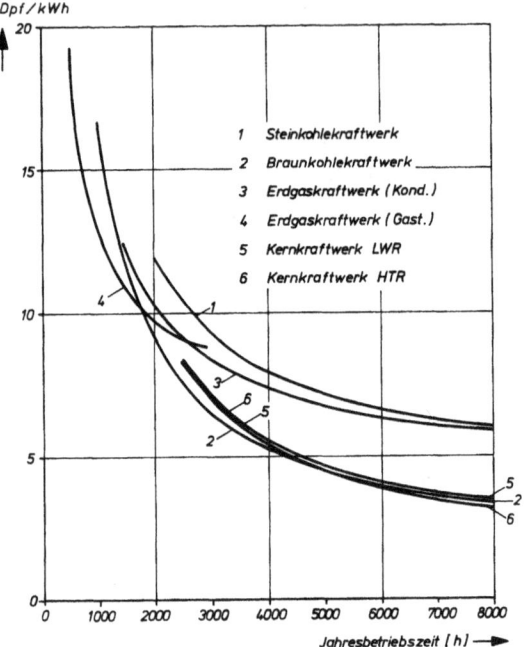

Abb. 62: *Stromerzeugungskosten verschiedener Kraftwerke*

ihre technische Zuverlässigkeit und ihre Wirtschaftlichkeit
bewiesen. Das Vertrauen in die Wirtschaftlichkeit der Kernreaktoren wird durch die Vielzahl von Kernkraftwerksbestellungen der letzten Zeit dokumentiert. Ende 1975 befanden sich in
der Welt 123 Leistungsreaktoren mit etwa 70000 MW_e in Betrieb,
weitere 320000 MW_e waren bestellt. Abb. 62 gibt einen
Überblick über Stromerzeugungskosten verschiedener Kraftwerke.
Der überwiegende Teil der in Betrieb befindlichen und der bestellten Kernreaktoren sind Leichtwasserreaktoren, die heute
unter den Reaktorkonzepten den höchsten Entwicklungsstand haben. Die Schnellen Brutreaktoren befinden sich noch im Anfang
der Demonstrationsphase ihrer technischen Funktionstüchtigkeit.
Verschiedene Demonstrationskraftwerke sind im Bau. Gegenüber
den LWR sind die technologischen Anforderungen beim Schnellen

Brutreaktor wesentlich größer. Die Entwicklung der Brutreaktoren wird hauptsächlich mit der dadurch weitaus besseren Möglichkeit zur Nutzung der Natururanvorräte motiviert. Brutreaktoren erbrüten - daher haben sie ihren Namen - mehr spaltbares Material als sie verbrauchen. Theoretisch wäre somit das gesamte Natururan, daß nur zu 0,71 % aus spaltbarem U 235 besteht, und das Thorium in Energie umwandelbar. In Tab. 16 ist der spezifische Uranbedarf eines LWR und eines Schnellen Brüters gegenübergestellt.

	LWR	Schneller Brüter
spez. Inventarbedarf	460 $\frac{kg\ U}{MW_e}$	53 $\frac{kg\ U}{MW_e}$
spez. Verbrauchsbedarf	165 $\frac{kg\ U}{MW_e \cdot a_{Voll}}$	1,07 $\frac{kg\ U}{MW_e \cdot a_{Voll}}$

Tab. 16: Spez. Natururanbedarf

Durch die Einführung von Brutreaktoren oder von fortgeschrittenen Reaktoren mit einem Konversionsfaktor nahe 1, läßt sich die Energieausbeute aus Natururan um mehr als das 100-fache vergrößern. Mit der Markteinführung der Schnellen Brutreaktoren wird ab 1985 zu rechnen sein. Die zweite wichtige Entwicklungslinie der fortgeschrittenen Reaktoren bilden die Hochtemperaturreaktoren. Der Hochtemperaturreaktor ist in der Lage, Wärme auf einem hohen Temperaturniveau, heute bis 900° C, in Zukunft wohl bis 1200° C, zu erzeugen. Diese hohe Betriebstemperatur des Primärkühlmittels bietet, verglichen mit dem Temperaturniveau heutiger Kernkraftwerke, wesentliche Vorteile:

1. Die Verbesserung des Wirkungsgrades durch höhere Frischdampftemperaturen in Zweikreisanlagen.

2. Die Kopplung des Reaktors mit einer geschlossenen Gasturbine, wobei eine Reduzierung der Anlagekosten zu erwarten ist.

3. Günstigere Voraussetzungen bei der Verwendung der trockenen Rückkühlung.

4. Einsatz zur Erzeugung von Prozeßwärme.

Gerade die Möglichkeit der Erzeugung von Prozeßwärme auf einem Temperaturniveau von über 500° C erschließt diesem Reaktorkonzept ein zusätzliches Einsatzpotential, das andere Reaktoren nicht haben. Dies ist umso wichtiger, wenn man bedenkt, daß heutzutage nur etwa 22 % des Weltverbrauchs an Primärenergie zur Umwandlung in Elektrizität, dem Haupteinsatzgebiet der übrigen Reaktortypen, verwendet wird. Der Hochtemperaturreaktor ermöglicht somit langfristig erst die vollständige Substitution der fossilen Energieträger durch die Kernenergie. Die Anwendungsmöglichkeiten der nuklearen Prozeßwärme, die heute bereits intensiv untersucht werden /64, 71/, umfassen vornehmlich die Umwandlung fossiler Rohstoffe in transport- und anwendungsfreundliche Energieträger und chemische Grundprodukte wie Wasserstoff, Methan und Olefine. In Tab. 17 sind einige dieser Verfahren mit den wichtigsten Prozeßdaten zusammengestellt. Den bei der Veredlung der fossilen Energieträger mittels nuklearer Prozeßwärme erzeugten Gasen bieten sich Einsatzmöglichkeiten in vielen Wirtschaftsbereichen. Wasserstoff wird zur Synthese von Methanol oder Ammoniak und zur Eisendirektreduktion verwendet, während die Olefine als Grundprodukte zur Kunststoffherstellung dienen. Erfolgt die Erzeugung dieser Grundprodukte im Industriekomplex selbst, so stehen außerdem noch billiger Prozeßdampf und elektrischer Strom, z. B. für die Elektrostahlerzeugung oder für chemische Produktionsverfahren, zur Verfügung.

Prozeß	Rohstoffe	Reaktion	Reaktions-temperatur	Reaktions-druck	erf. He-Temperatur	Endpro-dukte	Verbrauch an Kernreaktor-wärme
1) Methan-spaltung	Erdgas synth. Methan	$CH_4+H_2O \rightarrow CO+3H_2$ −49Kcal/mol	800°C	1...30at	950°C	H_2, H_2+CO	$\frac{1800\ Kcal}{Nm^3 H_2}$
2) Naphtha-spaltung	Benzin	$C_nH_m+nH_2O \rightarrow nCO+(\frac{m}{2}+n)H_2$ −Q	750..800°C	1...30at	950°C	H_2, H_2+CO, CH_4	"
3) Olefiner-zeugung	Benzin	$C_nH_m \rightarrow C_2H_4+C_3H_6$ + Kohlenwasserstoffe − Q	750..800°C	3at	950..1000°C	C_2H_4, C_3H_6	$\frac{7000\ Kcal}{kg\ C_2H_4}$
4) hydrieren-de Verga-sung	Braunkohle	$C+2H_2 \rightarrow CH_4+20$ Kcal/mol	800°C	70..100at	950..1000°C	CH_4	$\frac{4650\ Kcal}{Nm^3 CH_4}$
5) Wasserdampf-vergasung	Braunkohle	$C+H_2O \rightarrow CO+H_2$ −30Kcal/mol	800..850°C	40at	950..1000°C	H_2, H_2+CO, CH_4	$\frac{6500\ Kcal}{Nm^3 CH_4}$
6) Wasserdampf-vergasung	Steinkohle	$C+H_2O \rightarrow CO+H_2$ −30Kcal/mol	1000..1050°C	40at	1100..1200°C	H_2, H_2+CO, CH_4	$\frac{6000\ Kcal}{Nm^3 CH_4}$

Tab. 17: Verfahren zur Umwandlung fossiler Brennstoffe mittels nuklearer Prozeßwärme /64/

Von noch größerer Bedeutung als die Veredlung fossiler Energieträger mittels nuklearer Prozeßwärme könnte in Zukunft die Erzeugung von Wasserstoff und Sauerstoff mittels nuklearer Wasserspaltung werden. Mit Wasserstoff stände ein praktikabler Grund- und Brennstoff zur Verfügung, der weitgehend standortunabhängig hergestellt und leicht verteilt werden könnte und der bei der Verbrennung mit Sauerstoff keinerlei unerwünschte Abfallprodukte liefern würde. Da die Elektrolyse von Wasser zu kostspielig ist, werden zur Zeit praktikable Verfahren entwickelt, die unter Umgehung der für die thermische Dissoziation notwendigen Prozeßtemperatur von 3000° C die wirtschaftliche Gewinnung von Wasserstoff und Sauerstoff mittels nuklearer Wärme im Temperaturbereich bis 1200° C ermöglichen. Ein Verfahren, das technisch realisierbar erscheint, arbeitet in drei Stufen und verwendet im Kreislauf Eisen-Schwefel-Verbindungen.

	KJ/Mol	T °C

$$H_2O_{fl} + 3FeO + (3FeSO_4) \rightarrow Fe_3O_4 + (3FeSO_4) + H_2 \quad -29 \quad 600$$

$$Fe_3O_4 + 3FeSO_4 \rightarrow 3Fe_2O_3 + 3SO_2 + 1/2\ O_2 \quad +257 \quad 1000$$

$$3Fe_2O_3 + 3SO_2 \rightarrow 3FeO + 3FeSO_4 \quad -212 \quad 300$$

Für den bei der nuklearen Wasserspaltung als Koppelprodukt entstehenden Sauerstoff bietet sich neben industriellen Anwendungsmöglichkeiten zukünftig ein großes Anwendungspotential im Bereich des Umweltschutzes, z. B. zur Sauerstoffanreicherung stark belasteter Gewässer. Bei wirtschaftlicher Erzeugung von H_2 und O_2 mittels nuklearer Wasserspaltung könnten sich diese Energieträger zu einem wichtigen Bestandteil eines zukünftigen integrierten Energieversorgungssystems entwickeln, das auch den immer strenger werdenden Umweltschutzbedingungen gerecht würde. Es soll nun im folgenden die Frage untersucht werden, in wieweit die Kernenergie die zu erwartenden Energieprobleme lösen kann.

Im ersten Fall wird die Kernenergie nur mit ihrer ersten Reaktorgeneration, d. h. im wesentlichen Leichtwasserreaktoren, ab 1970 zur Energieerzeugung mit herangezogen. Für die fossilen Energieträger wird dabei wieder vom unteren Schätzwert der Reserven ausgegangen. Abb. 63 und Abb. 64 zeigen die Resultate dieser Strategie. Das Systemverhalten weist eine große Übereinstimmung mit dem vorangegangenen Lauf (Abb. 63) auf. Die Kernreaktoren der ersten Generation können infolge ihres schlechten Konversionsfaktors (0,5) das Energiepotential des Natururans bei einer Berücksichtigung der bis 1000 $/kgU zu gewinnenden Vorräte nur sehr unvollständig nutzen. Dies ist die Erklärung für die schnelle Erschöpfung der Energiereserven. War die Entwicklung der globalen Größen (Abb. 63) vergleichbar mit der im Fall der Strategie mit den optimistischen Vorrats-

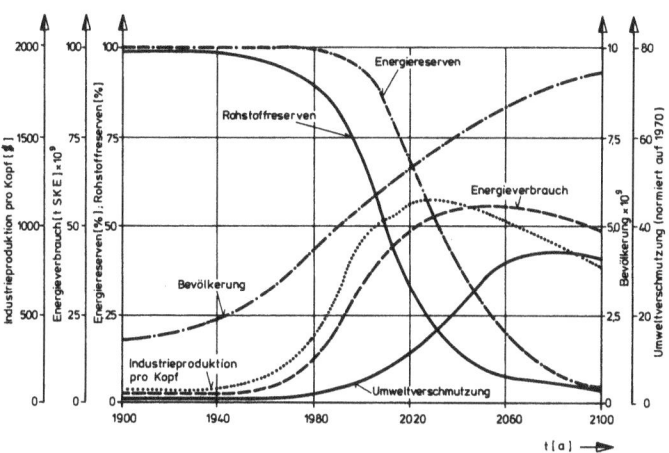

Abb. 63: Das Systemverhalten bei Einsatz von Reaktoren der ersten Generation

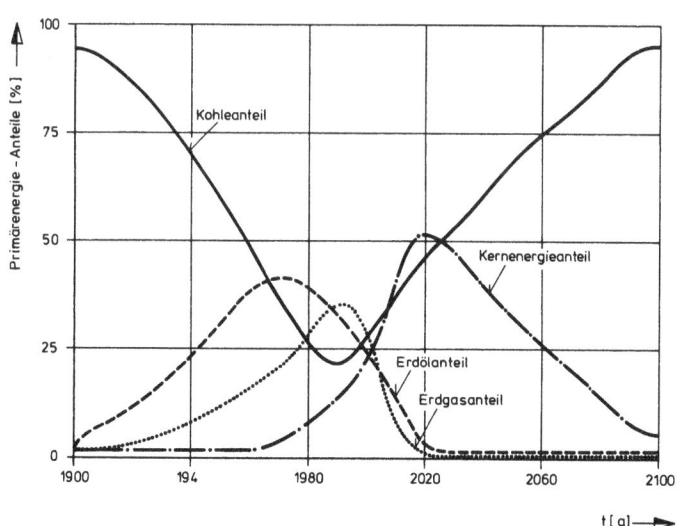

Abb. 64: Die Entwicklung der Energieversorgungsstruktur beim Einsatz von Reaktoren der ersten Generation

schätzungen der fossilen Energieträger (Abb. 60), so trifft
dies für die Entwicklung der Energieträgerverbrauchsstruktur
nicht zu. Hier nimmt der Anteil des Energieverbrauchs, der
mit der Kernenergie gedeckt wird, nach ihrer Zulassung im
Jahre 1970 schnell zu und erreicht zur Jahrhundertwende einen
Anteil von 25 %. Diese Wachstumsphase der Kernenergie hält
etwa noch 20 Jahre länger an, wird dann aber drastisch ge-
stoppt durch die Verteuerung des Natururans als Folge des
hohen kumulierten Natururanverbrauchs der Leichtwasserreaktoren. Erstaunlich ist, daß trotz dieses schnellen Zuwachses
an Kernkraftwerkskapazität die Kohle zu Anfang des nächsten
Jahrhunderts wieder an Bedeutung gewinnt. Die Renaissance der
Kohle vollzieht sich langsamer als in den vorangegangenen
Läufen ohne Kernenergieeinsatz. Am Ende des Betrachtungszeitraumes wird aber immerhin über 90 % des Energieverbrauchs
wieder durch Kohle gedeckt (Abb. 64). Von den anfänglich vorhandenen $80 \cdot 10^6$ t Natururan sind zu dieser Zeit nur noch 4 % übrig-
geblieben. Unterstellt man nun das Vorhandensein größerer
fossiler Energievorräte unter sonst gleichen Hypothesen wie
im vorangegangenen Lauf, so sind die Auswirkungen dieser Annahme
für die Entwicklung der Energieverbrauchsstruktur (Abb. 65)
unbedeutend. Das Wachstum der Kernenergie vollzieht sich ein
wenig langsamer, ihr maximaler Anteil ist etwas geringer und
tritt etwas später auf. Faßt man zusammen, so wird die Kernenergie aufgrund ihrer weniger starken Abhängigkeit von Kostensteigerungen des Brennstoffs einen großen Teil der Energieversorgung der Zukunft übernehmen können. Langfristig wird aber
zur Vermeidung der Natururanverknappung der Einsatz fortge-
schrittener Reaktoren notwendig.

Der Einsatz von fortgeschrittenen Reaktoren (Schneller Brüter
und Hochtemperaturreaktor) soll in den folgenden Strategien
simuliert werden. Der geringe spez. Uranverbrauch dieser fortgeschrittenen Reaktoren hat einen noch geringeren Einfluß der
Natururankostensteigerungen auf die Energieerzeugungskosten als
bei den Reaktoren der ersten Generation zur Folge. Außerdem

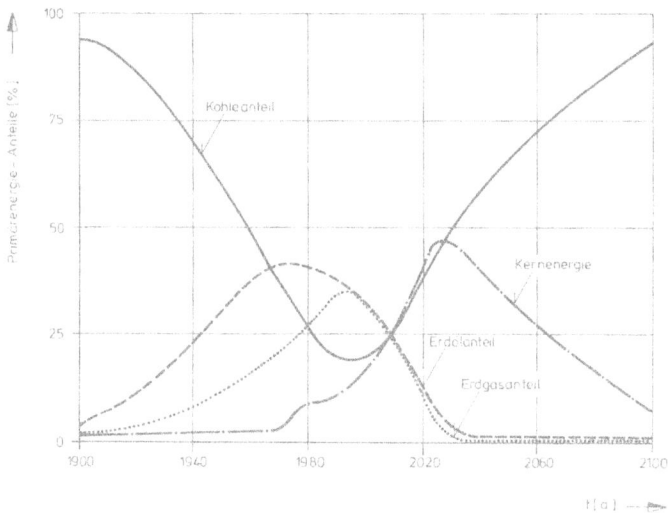

Abb. 65: Entwicklung der Energieverbrauchsstruktur bei Einsatz der ersten Reaktorgeneration und bei Annahme opt. Reserven der fossilen Energieträger.

erlaubt erst der Einsatz von Hochtemperaturreaktoren, wie vorher schon näher erläutert, die nahezu vollständige Substitution der fossilen Energieträger, die bei den heutigen Reaktoren für viele Anwendungsbereiche, wie z. B. der Roheisenerzeugung, nicht gegeben ist. Die Einführung der fortgeschrittenen Reaktoren erfolgt schrittweise, beginnend im Jahre 1985. Die augenfälligste Auswirkung der Zulassung der fortgeschrittenen Reaktoren ist die trotz besseren Verlaufs der industriellen Entwicklung erheblich geringere Erschöpfung der Energiereserven. Waren im vorangegangenen Beispiel bis zum Ende des Betrachtungszeitraumes etwa 96 % der anfangs vorhandenen Energiereserven verbraucht, so sind es nun trotz höherem kumulierten Energieverbrauchs nur etwa 10 %. Die Einführung der fortgeschrittenen

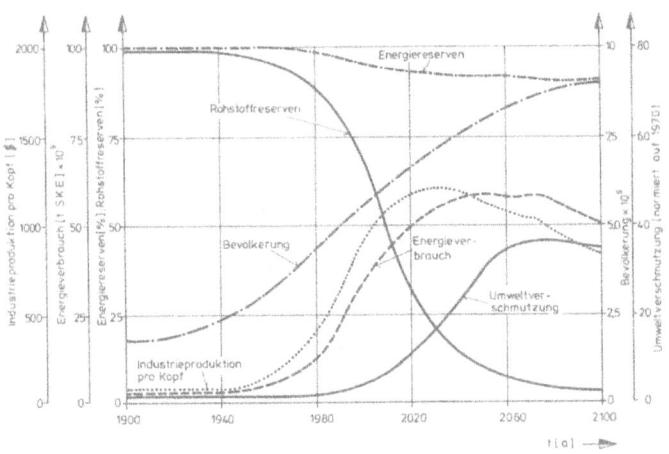

Abb. 66: Auswirkungen des Einsatzes der fortgeschrittenen Reaktoren

Reaktoren führte zu einschneidenden Veränderungen der Energieversorgungsstruktur (Abb. 67). War in allen vorangegangenen Strategien, auch beim Einsatz der ersten Generation von Kernreaktoren, die Entwicklung durch einen im nächsten Jahrhundert wieder ansteigenden Anteil der Kohle an der Energieversorgung gekennzeichnet, so findet diese Entwicklung nun nicht mehr statt. Die Kernenergie wird zum Hauptenergielieferanten. Ihr Anteil an der Deckung des Primärenergiebedarfs beträgt um 2000 etwa 35 % und am Ende des Berechnungszeitraumes etwa 90 %. Die entsprechenden Zahlen für die installierte Kernkraftwerksleistung lauten 12 000 GW_{th} und 50 000 GW_{th}. Neben der Kernenergie wird die Kohle auch langfristig einen Beitrag zur Deckung des Energiebedarfs leisten. Die in den letzten Jahrzehnten stark rück-

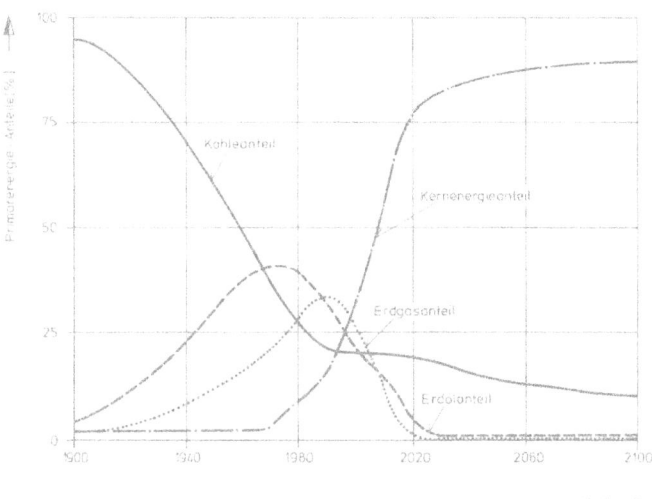

Abb. 67: *Energieversorgungsstruktur bei Einsatz der fortgeschrittenen Reaktoren*

läufige Tendenz des Kohleanteils am gesamten Primärenergieverbrauch wird sich verlangsamen. Das bedeutet, daß für die nächste Zukunft der Verbrauch von Kohle für energetische Zwecke noch weiter ansteigen wird. Die Gesamtentwicklung (Abb. 66) kann aber trotz Beseitigung der Energieknappheit nicht als zufriedenstellend angesehen werden. Die Industrieproduktion pro Kopf erreicht keinen stationären Level, sie fällt nach Erreichen eines Maximalwerts, der etwa 5 mal höher als der heutige Weltdurchschnitt ist, wieder ab. Verursacht wird die Entwicklung durch steigende Rohstoffaufwendungen, die die Folge der mit steigender Bevölkerungszahl größer werdenden Nachfrage ist. Auch die Rezyklierung reicht hier zu einer kostengünstigen Rohstoffversorgung nicht aus. Die Grenze der durch die Rezyklierung bereitstellbaren Rohstoffmengen für die anfänglich zur Verfügung stehenden Rohstoffvorräte ist erreicht.

Gibt es nun Möglichkeiten, die Rohstoffbasis zu vergrößern? Die fossilen Primärenergieträger Kohle, Erdöl und Erdgas werden heute zum überwiegenden Teil für energetische Zwecke benutzt. Da ihr Hauptbaustein der Kohlenstoff ist, werden sie auch als Rohstoffe in der chemischen Industrie verwendet. Diese Doppelfunktion als Energieträger und Rohstoff in der Industriegruppe Chemie hat heute vornehmlich das Erdöl. Etwa 4,5 % des in der BRD verbrauchten Erdöls wird heute in der Petrochemie als Rohstoff, hauptsächlich zur Erzeugung von Kunststoffen, verwendet. Die Kunststoffproduktion hat in den letzten Jahren einen enormen Aufschwung genommen. Diese Entwicklung ist auf die vielseitigen Eigenschaften der Kunststoffe zurückzuführen. Dies und ihre kostengünstige Herstellung hat zu Substitutionsprozessen geführt, von denen in erster Linie die Metalle betroffen waren. Daß heute nornehmlich Erdöl als Rohstoffbasis der chemischen Industrie benutzt wird, hat wirtschaftliche Gründe, die einmal im hohen Preis der Kohle und zum anderen in der Einsparung von Verfahrensschritten im Produktionsprozeß bei der Verwendung von flüssigen Kohlenwasserstoffen liegen. Im Prinzip sind aber auch Kohle und Erdgas als Ausgangsstoffe für die organische Synthese von chemischen Grundstoffen verwendbar. Die Kohlechemie war aus politischen Gründen in den 30iger Jahren in der BRD bereits weit entwickelt. Abb. 68 zeigt die Entwicklung des Rohstoffbedarfs dieser Industrie in der BRD. Um auch in Zukunft das Wachstum der chemischen Industrie sicherzustellen, bedarf es einer ausreichenden Rohstoffbasis, d. h. ausreichender Mengen an fossilen Energieträgern. Die Möglichkeit einer weltweiten Verbreiterung der Rohstoffbasis ist aber nur zu erreichen, wenn die dazu benötigten fossilen Energieträger nicht anderweitig, d. h. zur Energieversorgung, verbraucht werden. Hier scheint von der Energieseite eine Möglichkeit gegeben, das Rohstoffproblem bei Schonung der fossilen Energieträger durch verstärkten Einsatz der Kernenergie längerfristig zu lösen. Über die technischen Möglichkeiten dieser Substitutionsprozesse wird in /64, 72, 73/ ausführlich berichtet.

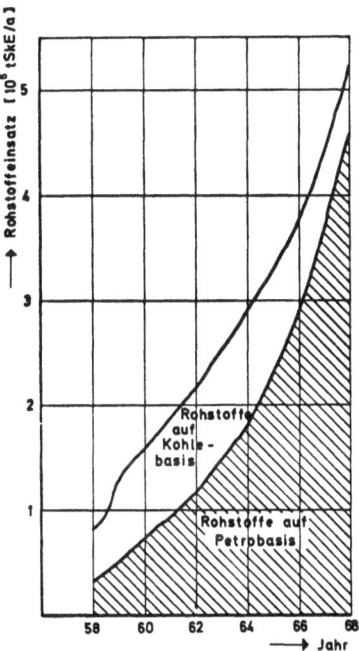

Abb. 68: *Kohle und Erdölverbrauch als Rohstoffe in der Chemie der BRD /73/*

Die Schonung der fossilen Primärenergieträger zur Verbreitung der Rohstoffbasis (Abb. 69) wirkt sich nicht nur dadurch positiv auf die Rohstoffsituation aus, daß die absolute nutzbare Menge vergrößert wird sondern, daß sie den mittels Rezyklierung erreichbaren quasi-stationären Industrieproduktionslevel auf einen höheren Wert verschiebt, der etwa der heutigen Industrieproduktion pro Kopf in den USA entspricht. Dies ist ein Weltdurchschnittswert, der die eventuell regional auftretenden Ungleichgewichte außer acht läßt. In diesem Simulationslauf wird

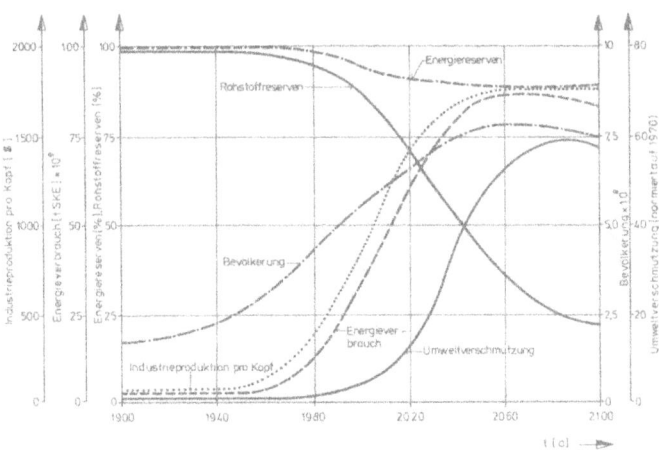

Abb. 69: Schonung der fossilen Energieträger zur Verbreiterung der Rohstoffbasis

der hohe materielle Wohlstand mit einer Umweltverschmutzung erkauft, die zu einem Bevölkerungswachstumsstop führt, und somit nicht tolerierbar ist. Die Verringerung der Vorräte an fossilen Energieträgern, die für eine energetische Nutzung zur Verfügung stehen, verändert die zukünftige Struktur der Energieversorgung kaum (Abb. 70). Die Nutzung der Kernenergie wird etwas schneller vorangetrieben, da die geringen Erdgas- und Erdölvorräte schneller erschöpft werden. Wie wichtig der rechtzeitige und unverzögerte Einsatz der Kernenergie für die Sicherung der zukünftigen Energieversorgung ist, soll im folgenden diskutiert werden.

-137-

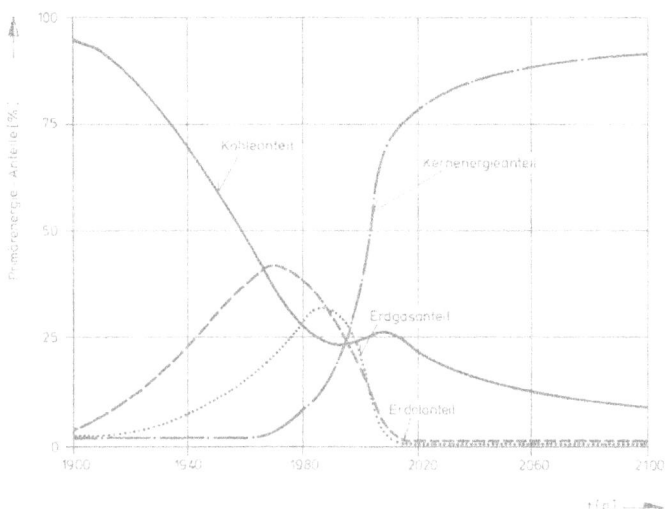

Abb. 70: Entwicklung der Primärenergieverbrauchsanteile bei Schonung der fossilen Energieträger.

Die Abb. 71 und die Abb. 72 zeigen die Folgen eines verzögerten Einsatzes der Kernenergie. In Abb. 71 erfolgte die Nutzung der Kernenergie 10 Jahre später, also erst 1980. Infolge der Erschöpfung der Erdgas- und Erdölreserven und des verspäteten Einsatzes der Kernenergie nimmt der Anteil der Kohle an der Energieversorgung noch einmal stark zu (bis nahe an 50 %), geht dann aber wieder zurück. Die Entwicklung bei einem verspäteten Einsatz der fortgeschrittenen Reaktoren hat ähnliche, wenn auch weniger stark ausgeprägte Wirkungen (Abb. 72).

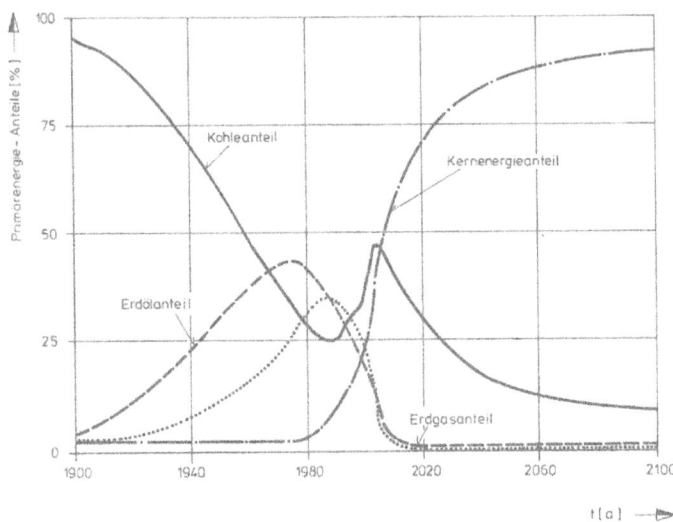

Abb. 71: Auswirkungen eines verzögerten Einsatzes der Kernenergie

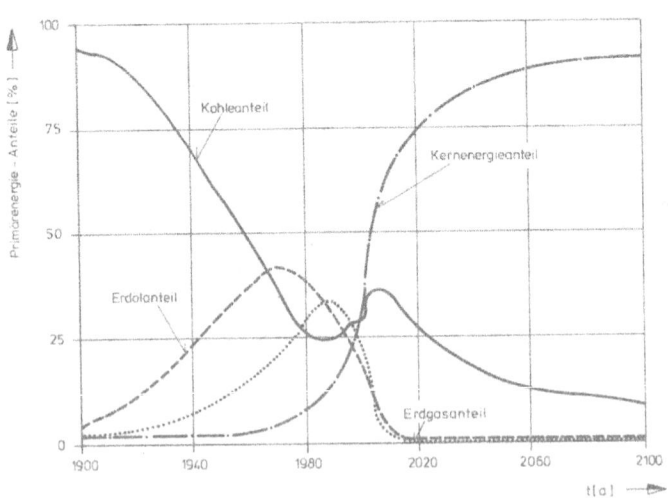

Abb. 72: Die Auswirkungen eines verspäteten Einsatzes (ab 1995) der fortgeschrittenen Reaktoren

Natürlich kann eine derartige Entwicklung mit allen ihren Konsequenzen, wie z.B. die mehrmalige Umstellung der Energieträger, nicht sinnvoll sein. Man mag einwenden, daß ein forcierter Einsatz der Kernenergie dieses Problem lösen kann. Zieht man aber die Entwicklungs-, Bau- und Umstellungszeiten sowie die begrenzte industrielle Baukapazität in Betracht, so ist diese Forcierung kaum möglich. Strukturveränderungen, wie z.B. die Einführung der Kernenergie, vollziehen sich nicht von heute auf morgen, sie benötigen Zeiträume von mehreren Jahrzehnten. Diese zeitlichen Verzögerungen, die auch an anderen Stellen des Systems wirken (z.B. zwischen der Erzeugung und dem Wirksamwerden der Umweltverschmutzung), haben dann besonderen Einfluß auf das Systemverhalten, wenn sich der Zustand des Systems schnell ändert. Der Spielraum vom Erkennen der Symtome bis zum äußersten Eingriffszeitpunkt zur Vermeidung unerwünschter Entwicklungen wird durch schnelle Zustandsänderungen verkürzt, schlimmstenfalls sogar negativ. Diese Verzögerungen dürfen also bei der Planung zukünftiger Entwicklungen nicht vernachlässigt werden.

8.5 Die regenerativen Energiequellen

Die im vorangegangenen Abschnitt diskutierten Ergebnisse haben gezeigt, daß mit der Nutzbarmachung der Kernspaltung ausreichende Energiereserven für eine langfristig sichere Energieversorgung zur Verfügung stehen. Die Probleme, denen die Einführung der Kernenergie heute gegenübersteht, sind weniger technisch-wissenschaftlicher Art, sondern gerade in bezug auf die Akzeptierung von Risiken letztlich politisch-gesellschaftlicher Natur /79/. Auf sie kann hier nicht näher eingegangen werden. Neben der Kernspaltung sind aber noch andere Optionen für eine langfristige brennstoffseitig praktisch nicht limitierte Energieversorgung erkennbar. Es sind dies die Kernfusion und die regenerativen Energiequellen, insbesondere die Sonnenenergie und die Geothermie.
Trotz einiger experimenteller Fortschritte in der Fusionsforschung hat die Kernfusion die Schwelle der physikalisch-wissenschaftlichen Durchführbarkeit noch nicht überschritten.

Angaben über den möglichen Zeitpunkt des großtechnischen Einsatzes der Kernfusion sowie über ihre Kosten und Nebenwirkungen sind heute deshalb kaum möglich. Aus diesem Grund wird die Kernfusion in den Rahmen der Modelluntersuchungen nicht miteinbezogen.

Unter den regenerativen Energiequellen kommt sicher der Sonnenenergie die größte Bedeutung zu. Die technischen Verfahren der direkten Nutzung der Sonnenenergie kann man einteilen in solche, die die Sonnenenergie zentral in Großanlagen umwandeln und solche die dezentral am Ort des Verbrauchers arbeiten. Der wohl am ehesten realisierbare Nutzungsbereich der Sonnenenergie ist der zur Raumheizung. Diese dezentrale Form der Sonnenenergienutzung bedient sich der Dachfläche eines Hauses, um die Sonnenenergie einzufangen. Das auf die Dachfläche auftreffende sichtbare Licht wird über stark absorbierende Schichten in Wärme umgewandelt, die von einem Wärmeübertragungssystem in einen Wärmespeicher transportiert wird. Aus diesem Wärmespeicher werden die Heizkörper des Hauses mit Energie versorgt. Zur Überbrückung von Zeiten geringer Sonneneinstrahlung ist eine konventionell betriebene Hilfsheizung installiert. Neben dieser Sonnenheizung mittels Kollektoren könnte in Zukunft auch die indirekte Sonnenenergienutzung mit einer Wärmepumpe für den Raumheizungs- und Klimatisierungsbereich aussichtsreich sein.

Noch ein gutes Stück entfernt von der Schwelle der technisch-industriellen Reife sind die Konzepte zur zentralen Umwandlung von Sonnenenergie für die Bereitstellung großer Leistungen. Prinzipiell unterscheidet man hier die solar-thermische und die solar-elektrische Umwandlung der Sonnenenergie. Die solar-thermischen Verfahren bedienen sich in der Regel fokussierender Systeme zur Verdichtung der Strahlungsenergie, um hohe Temperaturen und damit höhere Wirkungsgrade bei der Umwandlung der Sonnenenergie in einen Sekundärenergieträger z.B. Strom zu erzielen. Die direkte Umwandlung der Sonnenenergie in Elektrizität erfolgt mit Hilfe von Solarzellen, die ursprünglich für die Energieversorgung von Raumflugkörpern entwickelt worden sind.

Der Wirkungsgrad der Solarzellen liegt heute aber nur bei etwa 12% und ihre Kosten liegen noch um mehrere Größenordnungen außerhalb des Rentabilitätsbereichs.

Allgemein hängt natürlich die Wirtschaftlichkeit der Sonnenenergienutzung von dem Sonnenenergieangebot, d.h. der jährlichen Sonnenscheindauer ab und ist somit eine Funktion der örtlichen klimatischen Gegebenheiten. Mit zunehmendem Abstand vom Äquator verschlechtern sich somit die Nutzungsmöglichkeiten der Sonnenenergie. Aus diesem Grunde und auch wegen der mit zunehmender Sonnenenergienutzung sich verschärfenden Probleme des Flächenbedarfs, des Energietransports und der Energiespeicherung werden die Kosten der Sonnenenergienutzung mit zunehmender Ausschöpfung ihres Potentials steigen, analog zu den Kostensteigerungen bei den fossilen Energieträgern mit zunehmender Erschöpfung ihrer Reserven.

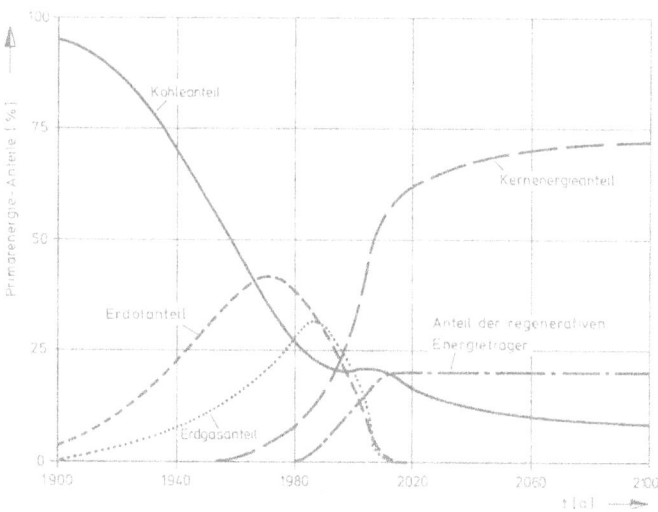

Abb. 73: Entwicklung der Anteile der verschiedenen Primärenergieträger bei Nutzung der regenerativen Energiequellen

Die Kosten der Nutzbarmachung der regenerativen Energieträger liegen heute zum Teil noch erheblich über den Kosten ihrer Konkurrenzenergien. Ihre Kosten werden vornehmlich von den Kapitalaufwendungen bestimmt, da keine Brennstoffkosten anfallen. Dies aber bedeutet, daß die Nutzung der regenerativen Energieträger hohe Anfangsinvestitionen erfordern. Es bleibt abzuwarten, ob gerade diese Tatsache ein Hemmnis für die Einführung dieser Technologien in den sich entwickelnden und unterentwickelten Ländern sein kann.

In Abb. 73 sind nun die Ergebnisse einer Strategierechnung mit Einsatz der regenerativen Energiequellen dargestellt. Dabei wurde unterstellt, daß die Entwicklung der Technologien zur Nutzung der regenerativen Energiequellen so forciert wird, daß sie ab 1990 zum großtechnischen Einsatz zur Verfügung stehen. Da die Angabe der zukünftigen Kostenentwicklung bei den regenerativen Energiequellen naturgemäß nur mit großen Unsicherheiten möglich ist, wurde hier unterstellt, daß es durch gezielte Forschung und Entwicklung möglich sein wird in etwa das Kostenniveau der Steinkohle im Jahre 1970 zu erreichen. Unter diesen Prämissen übernehmen die regenerativen Energiequellen am Ende des Betrachtungszeitraumes etwa 20% der Energieversorgung. Gegenüber den vorangegangenen Strategieläufen verringert sich dadurch hauptsächlich der Kernenergieanteil. Insgesamt werden in diesem Strategielauf $263 \cdot 10^9$ t SKE Steinkohle und $480 \cdot 10^3$ t Kernbrennstoff gegenüber der in Abb. 69 und 70 dargestellten Entwicklung eingespart. Es bleibt festzuhalten, daß der Einsatz der regenerativen Energiequellen - auch bei unterschiedlichen Hypothesen über ihr Potential und ihre Kosten - die Entwicklung der anderen Systemgrößen wie Energieverbrauch, Industrieproduktion usw. nahezu nicht beeinflußt, verglichen mit der in Abb. 69 dargestellten Entwicklung.

8.6 Technologie und Wachstumsgrenzen

Die vorangegangenen Simulationsläufe haben gezeigt, daß eine weitere exponentielle Steigerung der industriellen Produktion und des Energieverbrauchs an Grenzen stößt, die gegeben sind durch die Rohstoff- und Energiereserven und die Belastung des Ökosystems. Für die technologische Entwicklung leitet sich

daraus die Forderung ab, nicht mehr das zu tun, was aufgrund
der technologischen Entwicklung möglich ist, sondern das zu
tun, was zur Steigerung der Lebensqualität notwendig ist.
Obwohl die Vorstellungen über die Qualität des Lebens sehr
verschieden und eine allgemeingültige Definition wohl auch
nicht sinnvoll ist, wird doch allgemein anerkannt, daß hierunter nicht nur der materielle Wohlstand zu verstehen ist. Der
qualitative Zustand der Umwelt ist in jüngster Zeit immer mehr
als ein Teil dieser Lebensqualität bewußt geworden. Die daraus
resultierende Forderung nach Maßnahmen zur Vermeidung irreversibler Veränderungen unserer natürlichen Umwelt ist zum großen
Teil durch die Entwicklung neuer oder durch die Weiterentwicklung bestehender technologischer Produktionsverfahren unter
besonderer Berücksichtigung der Umweltaspekte möglich. Maßnahmen zur Verminderung der ökologischen Belastung sind im allgemeinen mit zusätzlichen Aufwendungen, d.h. Kosten verbunden.
Bei begrenztem Kapital geht dies zu Lasten der Produktion an
Konsumgütern. Daß die Gesamtbilanz unter Einschluß der außerökonomischen Größen durchaus im Hinblick auf die Steigerung
der Lebensqualität positiv sein kann, zeigt Meyer-Abich /75/
an einigen Beispielen.

Die Entwicklung und der Einsatz effektiver Rohstoffrezyklierungstechniken, der unverzögerte Einsatz der Kernenergie und die
Schonung der fossilen Energieträger zur Vergrößerung der Rohstoffbasis waren Maßnahmen, die die Grenzen eines weiteren
industriellen Wachstums hinausschieben konnten bzw. den Übergang in einen stationären Produktionslevel ermöglichten. Sie
waren aber von einer ökologischen Krise begleitet, die eine
Bevölkerungskrise nach sich zog. In der folgenden Strategie
werden Maßnahmen simuliert, die die Umweltbelastung vermindern
und auf ein tolerierbares Maß herabsetzen sollen (Abb. 74). Die
verstärkten Anstrengungen auf dem Umweltsektor führen zu einer
Absenkung des materiellen Lebensstandards, wie es nicht anders
zu erwarten war. Daß trotzdem kein stationärer Zustand erreicht
wurde, ist auf das weitere Bevölkerungswachstum zurückzuführen,
dessen vorherige Wachstumsgrenze, die Umweltverschmutzung, nun
nicht mehr besteht. Es ist bisher des öfteren von einem stationären Zustand des Systems gesprochen worden. Was ist damit ge-

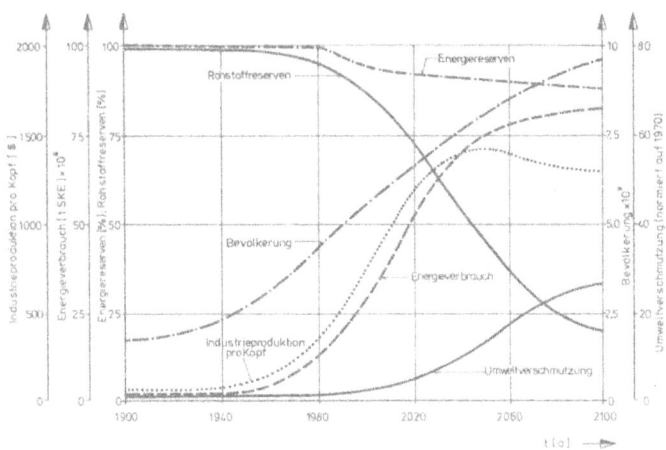

Abb. 74: Einsatz der Kernenergie, kombiniert mit der Rohstoffrezyklierung und Maßnahmen zur Reduzierung der Umweltbelastung.

gemeint und warum ist er anzustreben? Die vorangegangenen Simulationsläufe haben gezeigt, daß exponentielles Wachstum nicht uneingeschränkt weitergehen kann. Es existieren Wachstumsgrenzen. Die Beseitigung einer Wachstumsgrenze läßt wenig später eine neue, vielleicht die endgültige, entstehen. Erkennt man die ethische Verpflichtung an, nicht nur unsere eigenen Belange, sondern auch die zukünftiger Generationen beachten zu müssen, so gilt es die Möglichkeit zu schaffen, in einer endlichen Welt die materiellen Bedürfnisse der Weltbevölkerung auf einem angemessenen Niveau für annähernd beliebige Zeiten zu sichern. Dieser stationäre oder Gleichgewichtszustand ist keinesfalls mit völliger Stagnation gleichzusetzen. Das Wachstum wird sich auf wenig rohstoff- und energieintensive Industrien und auf Tätigkeiten im Dienstleistungssektor verlagern. Kreativität, forschungs- und gedankenintensive Produkte werden im Vordergrund stehen.

Die bisherigen Simulationsläufe zeigten, daß die Technik und
der technische Fortschritt in der Lage sind, die materiellen
Voraussetzungen, genügend Rohstoffe und Energie, für einen
stationären Systemzustand zu schaffen. Allein das weitere
Wachstum der Bevölkerung steht dem oben umrissenen Ziel noch
entgegen. Es werden nun die Auswirkungen einer Beschränkung
des Bevölkerungswachstums, die das Resultat einer weltweiten
Geburtenkontrolle sein kann, untersucht.

Im ersten Lauf (Abb. 75) setzt die Stabilisierung der Bevölkerung im Jahre 2000 ein. Die Industrieproduktion und der
Energieverbrauch steigen weiter an, stabilisieren sich aber
infolge des erhöhten Rohstoff- und Energieverbrauchs nicht.

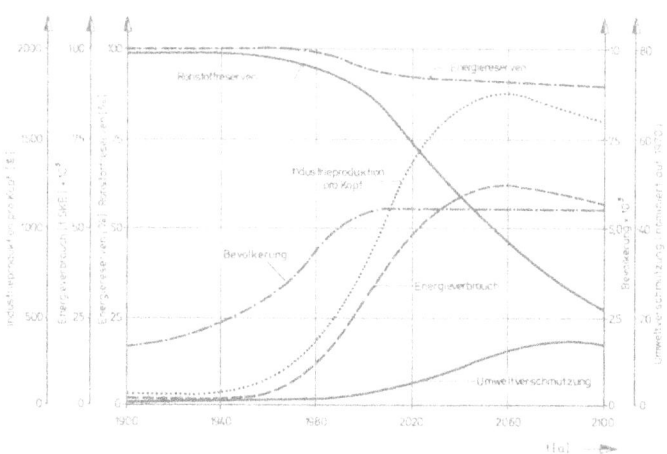

Abb. 75: Beschränkung des Bevölkerungswachstums ab 2000.

Ein stationärer Zustand in diesem Fall wäre durch die Beschränkung der Produktion auf einem angemessenen Niveau zu erreichen. In Anbetracht der vielfältigen Anstrengungen zur Geburtenkontrolle erscheint wegen der natürlichen Verzögerungsfaktoren eine Stabilisierung der Weltbevölkerungszahl schon im Jahre 2000 wenig realistisch. Es wird nun unterstellt, daß es gelingt, die Bevölkerungszahl bis zum Jahre 2050 in einen Gleichgewichtszustand überzuführen. Auch in diesem Fall ist die Erreichung eines stationären Zustands noch möglich.
Der stationäre Zustand ist gekennzeichnet durch eine Bevölkerungszahl von etwa $8 \cdot 10^9$ Menschen und einen materiellen Lebensstandard, der etwa dem der Vereinigten Staaten entspricht, d. h. der etwa sechsmal so hoch ist wie der heutige Weltdurchschnitt.

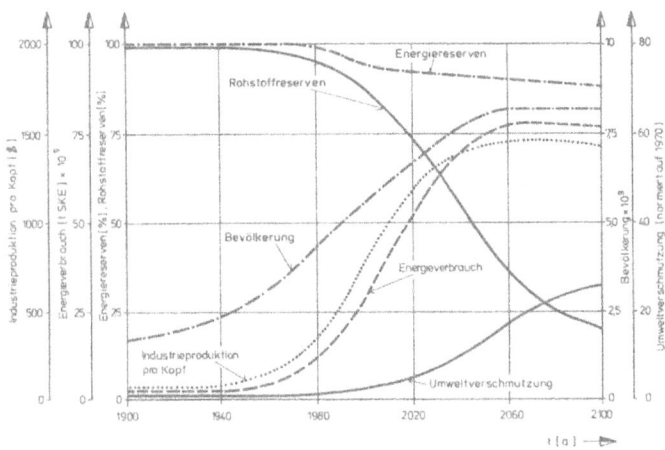

Abb. 76: Stabilisierung der Weltbevölkerung im Jahre 2050.

Diese Maßnahmen, wie Stabilisierung der Bevölkerung und wirksame Umweltschutzmaßnahmen, sind im Modell einfach simulierbar. In Realität werden sie aber nur mit größten Anstrengungen zu erreichen sein /27/. Über die Möglichkeiten und Schwierigkeiten, die Voraussetzungen und Auswirkungen eines Übergangs von der Wachstumswirtschaft in eine Gleichgewichtswirtschaft, wird zur Zeit rege diskutiert /27, 29, 76, 77/. Der wohl schlechteste Weg wäre ein erzwungener Übergang, der, wenn er dann überhaupt noch möglich wäre, sich in der Gestalt von Katastrophen aller Art, wie Rohstoff-, Energie- und Umweltkrisen vollziehen würde. Die Unterordnung unter die natürlichen Wachstumsgrenzen erscheint vielen nur durch eine frühzeitige Emanzipation von unserem materiellen und ökonomisch fixierten Wertesystem möglich. Küng /76/ formuliert das so: "Wenn es gelingt, die dauerhaften Konsumgüter aus ihrem Rang als Statussymbole zu verdrängen und an ihre Stelle Dinge zu setzen wie Wissen und Können, Vertrautheit mit Kunst und Kultur, so ist schon allerhand erreicht". Eine von vielen bewußt oder unbewußt verschwiegene Voraussetzung für diesen Übergangsprozeß ist ein materieller Lebensstandard, der es möglich macht, auf weiteres materielles Wachstum zu verzichten. Gerade dazu kann die Technik, wenn sie im Sinne des oben erläuterten Zielsystems weiterentwickelt wird, einen wichtigen Beitrag leisten und somit eine notwendige Voraussetzung zur Verwirklichung eines stationären Systemzustandes schaffen. Aber auch oder gerade für die Entwicklung der Technik gilt, daß die Unterlassungen der Gegenwart die Zukunft schon präjudizieren. Mit der vorliegenden Untersuchung sollten die möglichen und notwendigen zukünftigen Entwicklungen der Weltenergieversorgung im Zusammenhang und im Wechselspiel mit ihren verursachenden Faktoren und Auswirkungen für die Ableitung von langfristigen Handlungsalternativen zur Vermeidung von kritischen Zuständen untersucht werden. Trotz mancher Unzulänglichkeiten des verwendeten Ansatzes, auf die später noch eingegangen wird, zeigten sich für die Zukunft folgende Aspekte:

1. Die materiellen und ökologischen Wachstumsgrenzen (Energie- und Rohstoffverknappung, Umweltverschmutzung) der Erde sind bei weiter anhaltendem exponentiellen Wachstum greifbar nahe.

2. Die Technik und ihre zukünftige Weiterentwicklung allein kann die notwendigen materiellen Voraussetzungen und Hilfsmittel für einen Übergang des Weltwirtschaftssystems in einen quasi-stationären Zustand mit einem hohen Niveau des materiellen Lebensstandards schaffen. Folgende technologischen Entwicklungen und Maßnahmen sind dazu erforderlich:

   a) Entwicklung von kostengünstigen und damit wirtschaftlichen Verfahren zur Rezyklierung der wichtigsten nicht regenerierbaren Rohstoffe.

   b) Senkung des Rohstoffverbrauchs durch konstruktive Weiterentwicklung der Produkte und durch Steigerung ihrer Nutzungszeit.

   c) Unverzögerter Einsatz der Kernenergie

   d) Weiterentwicklung der fortgeschrittenen Reaktoren (HTR und Brüter) im Hinblick auf eine möglichst frühzeitige kommerzielle Reife.

   e) Schonung der fossilen Energieträger zur Verbreiterung der Rohstoffbasis.

   f) Entwicklung wirtschaftlicher Technologien zur Nutzung der regenerativen Energieträger

3. Die Bedeutung von Erdöl und Erdgas als Energieträger wird auch bei optimistischen Annahmen ihrer Reserven nach der Jahrhundertwende zurückgehen.

4. Das Energieproblem wandelt sich mit der vollen Nutzbarmachung der Kernenergie, d.h. Einsatz der fortgeschritte-

nen Reaktoren, von einem Verfügbarkeits- in ein Kosten- und Handhabungsproblem.

5. Die Kosten der fossilen Energieträger werden infolge ihrer Verknappung deutlich ansteigen.

6. Die unverzögerte Nutzung der Kernenergie wirkt stabilisierend auf das Energiepreisniveau.

7. Langfristig kann die Kernenergie die Hauptlast der Energieversorgung nur durch den Einsatz der fortgeschrittenen Reaktoren (HTR und Brüter) übernehmen.

8. Die notwendige Erweiterung der Rohstoffbasis ist durch eine verminderte Nutzung der fossilen Energieträger für energetische Zwecke möglich. Dies aber bedingt die Schaffung der notwendigen Voraussetzungen für einen forcierten Einsatz der Kernenergie und später der regenerativen Energiequellen.

9. Die Belastung des Ökosystems ist durch technologische Entwicklungen auf ein tolerierbares Maß reduzierbar. Was als tolerierbar angesehen wird, muß u.a. durch eine Schaden-Nutzen-Analyse zwischen materiellem Wohlstand und Belastung der Umwelt bestimmt werden.

10. Der Übergang in einen quasistationären Zustand erfordert neben den materiellen Voraussetzungen auch die ideelle Emanzipation von einem auf materielles Wachstum fixierten Wertesystem.

9. MODELLKRITIK UND WEITERENTWICKLUNG DES MODELLANSATZES

Ziel dieser Arbeit war die Entwicklung neuer Ansätze zur Gesamtanalyse des Systems Mensch-Energie-Umwelt. Der hier vorgelegte erste Ansatz ist, wie schon an anderer Stelle erläutert, gewiß noch in vielen Punkten unzulänglich und entwicklungsbedürftig. Er konnte nur ein Anfang sein, der noch einer stetigen und langfristigen Weiterentwicklung bedarf. Auf die Unzulänglichkeiten und die nötigen, z. T. schon in Angriff genommenen, Weiterentwicklungen soll jetzt genauer eingegangen werden. Systematisierend läßt sich die Kritik auf vier Bereiche aufteilen:

- a) die Zielsetzungen
- b) den Modellansatz
- c) die verwendeten Daten
- d) die Methode "System Dynamics"

Die Beschränkung in den Zielen auf langfristige globale Probleme der Energieversorgung bedeutet eine Einschränkung der Aussagemöglichkeiten der Modelluntersuchung. Im Sinne einer pragmatischen Vorgehensweise für eine Weiterentwicklung des Modells für die Simulation regionaler Energieprobleme erschien dieser Weg am sinnvollsten. Die vorrangige Behandlung der langfristigen Energieprobleme stellt also keine Wertung dar. Diese Zielsetzung bestimmte wesentlich den Aggregationsgrad des Modells. Die Rechnung mit weltweiten Durchschnittswerten ist natürlich problematisch. Sie verschleiert völlig die regionalen Besonderheiten und Unterschiede. Wachsender Energieverbrauch pro Kopf heißt somit unter Umständen nicht mehr Energie für alle sondern nur mehr Energie für wenige. Die Aggregation ist also in diesem Beispiel mit einem Informationsverlust über die regionalen Unterschiede des Energieverbrauchs verbunden. Auch die vereinfachende Darstellung des Rohstoffsektors durch nur einen repräsentativen Rohstoff und die globale Behandlung der Umweltprobleme sind natürlich durch weitere Arbeiten zu verbessern. Der Schwerpunkt der Untersuchung sollte aber auf dem

Energiesektor liegen. Daher konnten auch soziale und politische
Determinanten nicht explizit in die Modellstruktur eingebaut
werden, ihre Auswirkungen können nur implizit über die Strategien untersucht werden.

Die Beschaffung der erforderlichen Daten ist, bedingt durch
den Aggregationsgrad, ein schwieriges Problem. Genannt sei nur
die Ermittlung weltweiter Durchschnittspreise für die Energieträger. Sicher wünscht man sich für jede Untersuchung eine
breite, sowohl quantitativ als auch qualitativ ausreichende Datenbasis, insgesamt wird aber das Problem oft überschätzt,
denn dynamische Rückkopplungsmodelle sind meist sehr stabil
gegenüber der Veränderung von Parametern. Für einige Zusammenhänge und Abhängigkeiten sind quantitative Daten nicht verfügbar,
weil diese Probleme in der Vergangenheit nicht relevant waren,
z. B. der Einfluß der Umweltverschmutzung auf die Gesundheit des
Menschen. Hier muß man sich mit qualitativen Annahmen behelfen,
die es in einer Sensitivitätsanalyse zu untersuchen gilt.
Erwähnt seien noch einige methodische Unzulänglichkeiten, die
im wesentlichen durch die Programmiersprache DYNAMO bedingt
sind. Diese Probleme sind aber nicht schwerwiegend und können
durch die Weiterentwicklung der Programmiersprache gelöst werden. Aus den vorangegangenen kritischen Anmerkungen zu dem vorgelegten Modellansatz ergeben sich folgende Möglichkeiten und
Notwendigkeiten der Weiterentwicklung des Modellansatzes:

- Eine weitere Differenzierung im Umweltbereich, d. h. Erstellung von Modellen zur Analyse der durch Energieumwandlung hervorgegangenen und beeinflußten Schadstoffkreisläufe
  sowie eines Modells zur Beurteilung ihrer synergistischen
  Wirkungen. In diesen Problemkreis gehört auch eine eingehende Untersuchung der Auswirkungen der Energienutzung
  auf den Wärmehaushalt der Erde und der sich dadurch eventuell ergebenden Grenzen des Energieverbrauchs.

- Ausweitung der Modellansätze des Energiesektors auf die Sekundär- und Endenergieträger bei expliziter Erfassung der Umwandlungsstufen.

- Erweiterung des Rohstoffsektors, d. h. differenziertere Produktbetrachtung.

- Regionalisierung des Modells für einen bestimmten Wirtschaftsraum, z. B. die BRD. Bei der Regionalisierung tritt das zusätzliche Problem eines nicht abgeschlossenen Systems auf, für das es noch adäquate methodische Ansätze zu entwickeln gilt.

Die Entwicklung komplexer kybernetischer Modelle steht noch am Anfang. Zunehmende Erfahrung und die Weiterentwicklung der Methoden werden es gestatten, eine Reihe von heutzutage noch unvermeidbaren Unzulänglichkeiten und Vereinfachungen zu umgehen. Man sollte aber nie vergessen, daß zwischen dem Aufwand für eine Modelluntersuchung und den angestrebten Aussagemöglichkeiten ein Kompromiß zu schließen ist, der die Behandlung aller vom wissenschaftlichen Standpunkt noch so interessanten Feinheiten nicht erlaubt.

LITERATURVERZEICHNIS

/1/ Grümm, H.   Energieerzeugung und Umwelt
                         ATW 16 (1971), Nr. 6, S. 278/88

/2/ Summers, C.M.   The Conversion of Energy
                         Scientific American, Sept. 1971

/3/ Seaborg, G.T.   Nuclear Energy and the Quality
                         of Life
                         Proceedings of the 1972 International
                         Conference on Nuclear Solutions to
                         World Energy Problems, 1973

/4/ Büker, H. et al.   Kernenergie und Umwelt
                         Jül-929-HT-WT, März 1973

/5/ Merz, E.,   Umweltprobleme bei der nuklearen
    Schulten, R.   Energieerzeugung
                         Alma Mater Aquensis, 1971

/6/ Forrester, J.W.   Principles of Systems
                         Wright-Allen Press. Cambridge
                         Massachusetts 1969

/7/ Forrester, J.W.   Industrial Dynamics
                         M.I.T. Press, Cambridge Mass., 1969

/8/ Zahn, E.   Das Wachstum industrieller Unternehmen
                         Betriebswirtschaftlicher Verlag
                         Dr. Th. Gabler, Wiesbaden 1971

/9/ Niehaus, F., Rath-Nagel, St., Voß, A.   Einführung in die systemtechnische Simulationsmethode System Dynamics
KFA-Jülich, Jül-849-RG, 1972

/10/ Gordon, G.   System Simulation
Prentice-Hall, Inc., 1969

/11/   Vorlesungsmanuskript der Seminare "Systemtechnik"
Brennpunkt Systemtechnik
Technische Universität Berlin

/12/ Machol, R.E. u. a.   System Engineering Handbook
Mc Graw-Hill, New York, 1965

/13/ Ropohl, G.   Systemtechnik als umfassende Anwendung kybernetischen Denkens in der Technik
Wt-Z. ind. Fert. 60 (1970), Nr. 3

/14/ Blohm, H., Steinbuch, K.   Technische Prognosen in der Praxis
VDI-Verlag GmbH, 1972

/15/ Uhlenbusch, L., Voss, A.   PROGNOS, eine kritische Analyse und ein Rechenprogramm zur mathematischen Behandlung der wichtigsten Vorhersagemethoden
KFA-Jülich, Interner Bericht IRE-31-71, Dez. 1971

/16/ Stahlknecht, P.   Operations Research
Schriften zur Datenverarbeitung
Friedr. Vieweg, Braunschweig, 1970

/17/ Barton, R.F.   A Primar on Simulation and Gaming
                     Prentice-Hall, Inc., New Jersey, 1970

/18/ Pugh, A.L.   DYNAMO II, Users Mannal
                     MIT-Press, Cambridge, Mass., 1970

/19/   Struktur und Entwicklung des Welt-
                     energieverbrauchs
                     Deutsche Shell AG, 1960

/20/ Gleißner, E.   Wirtschaftliche und methodische Probleme
                     bei der Vorausschätzung des gesamtwirt-
                     schaftlichen Energieverbrauchs und
                     seiner Struktur nach Energieträgern
                     unter besonderer Berücksichtigung
                     von bisher erstellten Energieverbrauchs-
                     vorausschätzungen.
                     Diss. TH-München, 1965

/21/ Zimmermann, H.   Zur Frage der Substitutionselastizi-
                     täten zwischen Steinkohle und Heizöl,
                     Mitteilungen des Rhein-Westf.Inst.
                     f. Wirtschaftsforschung, Heft 9/10, 1960

/22/ Lehbert, B.   Beitrag zum Problem der ökonometrischen
                     Bestimmung einer Substitutionselastizi-
                     tät
                     Weltwirtschaftliches Archiv, Bd. 83 (1959)

/23/ Gerfin, H.   Langfristige Wirtschaftsprognose
                     Mohr, Tübingen, 1964

/24/ Zangemeister, Ch. Nutzwertanalyse in der Systemtechnik
                     Wittemannsche Buchhandlung, 1971

/25/   Strukturentwicklung der Wirtschaft und
                     Gesellschaften von Einzelstaaten und
                     Staatengruppen am Beispiel des Lebensstand-
                     standards in den EWG-Ländern (SWIGES)
                     analysen und prognosen, März 1970

/26/ Behrendt, V.   Entwurf von System-Modellen
Seminar Systemtechnik 1973, Brennpunkt
Systemtechnik, TU-Berlin

/27/ Meadows, D.,
et al.   The Limits to growth
Universe Books, 1972

/28/ Forrester, J.W.   World Dynamics
Whright-Allen Press, Luc. 1971

/29/ Meadows, et al.   Dynamics of growth in a finite world
Wright Allen Press, 1973

/30/ Ehrlich, P.R.,
Ehrlich, A.H.   Bevölkerungswachstum und Umweltkrise
S. Fischer Verlag, 1972

/31/ Basler, E.   Zukunftsforschung und Fortschrittsglaube
in analysen und prognosen, H. 18,
1971

/32/ Schlipköter, H.W.   Wirkung von Luftverunreinigungen auf die menschliche Gesundheit
Herausgegeben vom Minister für Arbeit,
Gesundheit und Soziales des Landes NRW.

/33/ Glasser, M.,
Grennberg, L.   Air Pollution, Mortality and Weather
Arch. Environ. Health 22, 1971
S. 334-347

/34/ Goldmark, P.C.   New Applications of Communications
Technology for Realizing the New Rural
Society
analysen und prognosen, Nov. 1971

/35/ Zahn, E.   Das Club of Rome Projekt,
Vortrag vom 17.11.72, bei RWE Essen

/36/ Man's Impact on the Global Environment
Report of the Study of Critical Environmental Problems (SCEP)
MIT-Press, 1971

/37/ Engelhard, H., Manthey, Ch., Eickhoff, G.
Veränderung der Umweltbelastung durch den Einsatz von Hochtemperaturreaktoren in den Energieverbrauchsgruppen:
Chemische Industrie, Eisen- und Stahlindustrie, Haushalte
KFA-IRE-IB-20/72, Sept. 1972

/38/ Ridker, R.G. Economic Costs of Air Pollution
London, Praeger 1967

/39/ Meyer-Abich, K.M.
Wirtschaftspolitische Konsequenzen der Umweltprobleme, in Umweltreport, 1972
Umschau-Verlag

/40/ Förster, S., Schröder, B.
Vergleich verschiedener Kühlsysteme für ein 600 MW_e-Kernkraftwerk mit Hochtemperaturreaktor und Heliumturbine

/41/ Wolf, H. Stand und Technik der Verfahren zur "Trockenen Rückkühlung" sowie deren Aussichten
Batelle-Institut e. V. Frankfurt, 1971

/42/ Förster, S. Kühlung und Wirtschaftlichkeit bei Kraftwerken
12. Jahrestagung und Vereinigung Deutscher Strahlenschutzärzte 8./9.10.1971, München

/43/ Cloud, P.E. Wovon können wir morgen leben?
Hanser, 1971

/44/ Sames, C. W. Die Zukunft der Metalle
Suhrkamp 1971

/45/ Michaelis, H. Memorandum über eine Europäische Rohstoffversorgungspolitik
Gutachten für die Kommission der Europäischen Gemeinschaften, Sept. 1972

/46/ Simon, R. Untersuchung des Zusammenhangs zwischen Energie- und Rohstoffverbrauch und industrieller Produktion
Diplomarbeit angefertigt am Lehrstuhl für Reaktortechnik der RWTH-Aachen, 1973

/47/ Randers, J. The Dynamics of Solid Waste Generation
Preliminary Draft, M.I.T., 1971

/48/ Wirtschaftliche Aussichten von mit Nuklearer Prozeßwärme erzeugten technischen Wasserstoff
Fichtner Beratende Ingenieure Stuttgart, Oktober 1971

/49/ Michaelis, H. Die Entwicklung der Kernenergie in den durch Energiepolitik, Industriepolitik und Umweltschutzpolitik gegebenen Linien
Vortrag am Institut für elektrische Anlagen und Energiewirtschaft der RWTH Aachen, am 18. 5. 1972

/50/ Summers, C.M. The Conversion of Energie
Scientific American, Sept. 1971

/51/ Brookes, L.G. Energy and economic growth
Atom 183, Jan. 1972

/52/ World Energy Conference, 1968

/53/ Hubbert, M.K. The energy Resources of the earth
Scientific American, Vol. 225, Sept. 71

/54/ Hubbert, M.K. Energy Resources for Power Production
                    IAEA-SM-146/1, Aug. 1970

/55/ Hubbert, M.K. Energiequellen
                    in "Wovon können wir morgen leben?"
                    1971 Carl Hanser Verlag

/56/   Die Rohölversorgung der Bundesrepublik
                    Deutschland
                    Esso AG, 1971

/57/   Schätzung der UN-Wirtschaftskommission
                    1972

/58/   Zahlen aus der Mineralölwirtschaft
                    BP-Hamburg, Herbst 1972

/59/ Brink, J.   Berechnung des Umfangs der Uranvorräte
                    der Welt
                    EU BU-6-18

/60/ Mandel, H.   Die künftige Rolle der Kernenergie als
                    Primärenergieträger
                    Atomwirtschaft, Mai 1970

/61/ Dietrich, D., Uran, Vorräte und Bedarf,
     Schwarz, H.,   Analysen und Prognosen
     Voss, A.   KFA-Jülich, Jül-755, April 1971

/62/ Bohn, T.   Probleme zukünftiger Energieversorgung
                    Brennst.-Wärme-Kraft 24, 1972, Nr. 10

/63/ Moore, D., et al. Getting energy to the user
                    Batelle Research Outlook, Volume 4,
                    Nr. 1, 1972

/64/ Schulten, R., Nukleare Prozeßwärme
     Kugeler, K.   KFA-Jülich, Jan. 1973

/65/ Mandel, H.   Strukturen der nuklearen Stromerzeugung in den 70er und 80er Jahren
Atomwirtschaft, Jan. 1973, Heft 1

/66/ Bergmann, B., Krämer, H.   Technischer und wirtschaftlicher Stand sowie Aussichten der Kernenergie in der Kraftwirtschaft der BRD
Jül-827-HT, Februar 1972

/67/ Wessels, Th.   Die volkswirtschaftliche Bedeutung der Energiekosten.
Schriftenreihe des Energiewirtschaftlichen Instituts, Köln

/68/   Der wirtschaftliche Einfluß des Energiepreises,
Bericht einer unabhängigen Sachverständigergruppe, Berlin 1966

/69/   Oeldorado 70, Sonderbeilage zum Esso Magazin 1/71

/70/   Energiepreise werden sich verdoppeln
Die Welt, Nr. 57, Donnerstag, 8. 3. 1973

/71/ Kugeler, et al.   Prozeßdampferzeugung mit Hochtemperaturreaktoren
Jül-870-RG, Juni 1972

/72/ Eickhoff, H.G.   Technologische und wirtschaftliche Möglichkeiten, die sich durch den Einsatz des Hochtemperaturreaktors für die Mineralölversorgung ergeben.
KFA-Jülich, in Vorbereitung

/73/ Engelhardt, H.   Einsatzmöglichkeiten und Einsatzpotential
                           von Hochtemperaturreaktoren in der
                           Industriegruppe Chemie unter Berück-
                           sichtigung von technischen, ökonomischen
                           und ökologischen Aspekten.
                           Diss. RWTH Aachen, 1973

/74/   Im Schuldturm auf dem Abfallberg,
                           Umwelt 1/72, S. 19

/75/ Meyer-Abich,   Drei Thesen zum Thema
     K.M.   BP-Kurier, 1/1972

/76/ Küng, E.   Von der Konsumgesellschaft zur Kultur-
                           gesellschaft.
                           Umwelt 1/73, S. 12-16

/77/ Koelle, H.H.   Ein Experiment auf dem Gebiet der Ziel-
                           forschung (Zielfex.)
                           analysen und prognosen, Nov. 1970

/78/ Müller-Michaelis,   Weltmineralölwirtschaft wächst lang-
     W.   samer
                           OEL, Zeitschrift für die Mineralölwirt-
                           schaft, Heft 3, 1972

/79/ Voss, A.   Brauchen wir Kernenergie? Versuch
                           einer systemanalytischen Antwort
                           in "Nutzen und Risiko der Kernenergie",
                           Jül-Conf-17, November 1975, KFA-Jülich

Für die statistischen Untersuchungen wurde folgende Literatur benutzt:

- Supplies, Costs, and Uses of the fossil Fuels
  United States Department of the Interior,
  Energy Policy Staff, Febr. 1963

- Historical Statistic of the United States Colonial
  Times to 1957
  U.S. Bureau of the Census, Washington, 1960

- Mineral Yearbook
  U.S. Bureau of Mines

- Statistical Abstract of the United States
  U.S. Department of Commerce

Putman, Energy in the Future
P.C.   D. Van Nostrand Company Inc., 1953

- World Energy Supplies
  United Nations, Statistical Papers,
  Series I

- Statistical Yearbook of the United Nations,
  United Nations

- Statistisches Handbuch der Weltwirtschaft,
  Berlin 1936

Förster, Allgemeine Energiewirtschaft
K.   Duncker u. Humblot, Berlin 1965

- Statistik der Energiewirtschaft.
  Herausgegeben von der Vereinigung
  Industrieller Kraftwirtschaft

- Statistics of Energy 1954-1968
  Basic Statistics OECD, 1970

- Zahlen aus der Mineralölwirtschaft
  BP, Hamburg

- OELDORADO 70
  Sonderbeilage zum Esso Magazin
  1971

- Statistik der Kohlewirtschaft e. V.
  Der Kohlenbergbau in der Energiewirtschaft
  der BRD im Jahre 1970

- Die Kohlenwirtschaft der Welt in Zahlen
  Unternehmensverband Ruhrbergbau, 1961

- Die Weltwirtschaft,
  Institut für Weltwirtschaft an der Universität Kiel,
  1964, Heft 1

- Metallstatistik 1960-1970
  58. Jahrgang, 1971

Stichwortverzeichnis

Auxiliary 24

Bewertungsmodell 48 ff
Bevölkerungsentwicklung 58 f
Bevölkerungssektor 58 ff
Brennstoffkosten 100
Bruttosozialprodukt 63

Clarkezahl 89

Deuterium 91 f
Differenzengleichung 23
Differenzialgleichung 23, 45 f
DYNAMO 24 ff

Emissionen 70,73
Energiekosten 95 ff, 124
Energiereserven 87 ff
Energiesektor 83
Energiekosten 94 ff
Energieträgernutzungskosten 98
Energieverbrauch 83 ff
Erdgaskosten 96
Erdgasreserven 87 ff
Erdölkosten 96
Erdölreserven 87 ff, 119
Erdölverbrauch 119
Erdwärme 93

Feedback-Loop 20 ff
Fossile Energiereserven 88
Fossile Energieträger 118

Geburtenziffer 63
Gezeitenenergie 94
Geothermie 93
Gesamtnutzen 53
Grundstruktur des Modells 56 f

Hochtemperaturreaktor 98, 125 ff

Indikator 47
Indikatornutzen 50, 87
Industriekapital 66
Industrieproduktion, Welt 65
Industriesektor 65 ff
Input-Output-Matrix 16
Investition 66

Kernenergie 123 ff
Kernfusion 91
Kohlekosten 94
Kohlereserven 88 f
Kohleverbrauch 86, 135
Kohlevergasung 127

Leichtwasserreaktor 125 f
Level 24
Lithium 92

Macros 27 ff
Modellgleichungen 166 ff
Modellkonzipierung 32
Modellsimulation 30 ff
Modellstruktur 56 ff
Modellverifikation 32, 34

Natururan 90, 123
Nukleare Prozeßwärme 126 ff
Nutzungseigenschaften 38, 106
Nutzungszeitindex 104
Nutzwertanalyse 46 ff

Optimierungsmethoden 16

Primärenergiereserven 87 ff
Primärenergiekosten 96 ff, 103
Primärenergieverbrauch 83 ff
Produktion, Industrie 65
Prognosemethoden 17

Rates 22
Regenerative Energiequellen 92 ff
Rohstoffe 57, 75 ff
Rohstoffkrise 111
Rohstoffreserven 78
Rohstoffrezyklierung 80, 115
Rohstoffverbrauch 78

Schneller Brutreaktor 125
Simulation
Simulationsmethoden 17, 20 ff
Sonnenenergie 92 ff
Sterbeziffer 63
Stromerzeugungskosten 124
Substitution 36 ff
Substitutionselastizität 39
Substitutionszeit 42 ff
System 13
Systemanalyse 14
System Dynamics 20 ff
Systemtechnik 12 ff
Systemstruktur 13
Systemforschung 14
Systemtheorie 14

Umweltbelastung 4, 70 ff
Umweltsektor 69 ff
Umweltverschmutzung 75, 143
Uranreserven 90 f

Verzögerter Kernenergieeinsatz 138 f
Verzögerung 27 f, 45 f

Wachstumsgrenzen 142 ff
Weltbevölkerung 58 ff

Ziele der Untersuchung 7
Zustandsgrößen 24

ANHANG

Die vollständigen Modellgleichungen

PAGE 1   ENERGIEMODELL   4/23/76

  MACRO-DEFINITIONEN

MACRO   PPLNDL(IN,DELAY)

$BX1.K=$BX1.J+DT*(IN.JK-$R1.JK)   1, L
$BX1=0   1.1, N

$R1.KL=$PL.K*$BX1.K   2, R

$BX2.K=$BX2.J+DT*($R1.JK-$R2.JK)   3, L
$BX2=IN/2   3.1, N

$R2.KL=$PL.K*$BX2.K   4, R

$BX3.K=$BX3.J+DT*($R2.JK-$R3.JK)   5, L
$BX3=$BX2   5.1, N

$R3.KL=$PL.K*$BX3.K   6, R

PPLNDL=$BX3.K/$DL1   7, A
$DL1=DELAY/2   7.1, N

$PL.K=PULSE(1/DT,(1900+$DL1),$DL1)   8, A

MEND

MACRO   VERZ3(INPUT,ZK,ANFW)

VERZ3.K=VERZ3.J+DT*($LV2.J-VERZ3.J)/$DL.J   1, L
VERZ3=ANFW   1.1, N
    VERZ3 - MACRO VERZOEGERUNG 3. ORDNUNG

$LV2.K=$LV2.J+DT*($LV1.J-$LV2.J)/$DL.J   2, L
$LV2=(ANFW+INPUT)/2   2.1, N

$LV1.K=$LV1.J+DT*(INPUT.K-$LV1.J)/$DL.J   3, L
$LV1=INPUT   3.1, N

$DL.K=ZK/3   4, A

MEND

MACRO   VERZ(INPUT,ZK,ANFW)

VERZ.K=VERZ.J+DT*(INPUT.J-VERZ.J)/ZK   1, L
VERZ=ANFW   1.1, N
    VERZ   - MACRO VERZOEGERUNG 1. ORDNUNG

MEND

PAGE 2   ENERGIEMODELL   4/23/76

BEVOELKERUNGSSEKTOR

```
BEV.K=BEV.J+(DT)(GBR.JK-STR.JK)                     1, L
BEV=BEVA                                            1.1, N
BEVA=1.61E9                                         1.2, C
    BEV     - BEVOELKERUNG (CAP)
    GBR     - GEBURTENRATE (CAP/A)
    STR     - STERBEFAELLE PRO JAHR (CAP/A)
    BEVA    - BEVOELKERUNG AM ANFANG (CAP)

BEVD.K=BEV.K/BEV70                                  2, A
BEV70=3.54E9                                        2.1, C
    BEVD    - BEVOELKERUNGSDICHTE (1)
    BEV     - BEVOELKERUNG (CAP)
    BEV70   - BEVOELKERUNG 1970 (CAP)

GBR.KL=(CLIP(GGBR.K,(MIN(GGBR.K,STRR.K)),SWT8,      3, R
   TIME.K))*BEV.K
SWT8=2200                                           3.1, C
    GBR     - GEBURTENRATE (CAP/A)
    GGBR    - GEWUENSCHTE GEBURTEN (1/A)
    STRR    - STERBERATE (1/A)
    SWT8    - SWITCH-TIME 8
    BEV     - BEVOELKERUNG (CAP)

GGBR.K=(CLIP(GBRN,GBRN1,SWT1,TIME.K))(GBRBEVD.K)    4, A
   (GBRUV.K)(GBRIO.K)
GBRN=.035                                           4.1, C
GBRN1=.035                                          4.2, C
SWT1=1970                                           4.3, C
    GGBR    - GEWUENSCHTE GEBURTEN (1/A)
    GBRN    - GEBURTENRATE NORMAL (1)
    GBRN1   - GEBURTENRATE NORMAL 1
    SWT1    - SWITCH-TIME 1
    GBRBEVD - GEBURTENRATE-BEVOELKERUNGSDICHTE-
              MULTIPLIKATOR (1)
    GBRUV   - GEBURTENRATE-UMWELTVERSCHMUTZUNGS-
              MULTIPLIKATOR (1)
    GBRIO   - GEBURTEN-INDUSTRIEPROD.-MULTIPLIKATOR (1)

GBRBEVD.K=TABLE(GBRBEVT,BEVD.K,0,5,1)               5, A
GBRBEVT=1.00/1/.9/.7/.6/.55                         5.1, T
    GBRBEVD - GEBURTENRATE-BEVOELKERUNGSDICHTE-
              MULTIPLIKATOR (1)
    GBRBEVT - GEBURTENRATE-BEVOELKERUNGSDICHTE-
              MULTIPLIKATOR TAFEL
    BEVD    - BEVOELKERUNGSDICHTE (1)

GBRUV.K=TABHL(GBRUVT,RUV.K,0,100,10)                6, A
GBRUVT=1./1./1./1./1./1./1./1./1./1./1.             6.1, T
    GBRUV   - GEBURTENRATE-UMWELTVERSCHMUTZUNGS-
              MULTIPLIKATOR (1)
    GBRUVT  - GEBURTENRATE-UMWELTVERSCHMUTZUNGS-
              MULTIPLIKATOR TAFEL
    RUV     - RELATIVE UMWELTVERSCHMUTZUNG (1)
```

ENERGIEMODELL   4/23/76

```
GBRIO.K=TABHL(GBRIOT,IOK.K,0,1000,100)                7, A
GBRIOT=1.36/1.21/1.05/.885/.714/.628/.607/.587/       7.1, T
  .582/.577/.57
    GBRIO   - GEBURTEN-INDUSTRIEPROD.-MULTIPLIKATOR (1)
    GBRIOT  - GEBURTEN-INDUSTRIEPROD.-MULTIPLIKATOR TAFEL
    IOK     - INDUSTRIEPRODUKTION PRO KOPF ($/CAP*A)

STR.KL=(BEV.K)(STRR.K)                                8, R
    STR     - STERBEFAELLE PRO JAHR (CAP/A)
    BEV     - BEVOELKERUNG (CAP)
    STRR    - STERBERATE (1/A)

STRR.K=(CLIP(STRN,STRN1,SWT5,TIME.K))(STRIO.K)        9, A
  (STRBEVD.K)(STRUV.K)
STRN=0.015                                            9.1, C
STRN1=.015                                            9.2, C
SWT5=1970                                             9.3, C
    STRR    - STERBERATE (1/A)
    STRN    - STERBERATE NORMAL (1/A)
    STRN1   - STERBERATE 1
    SWT5    - SWITCH-TIME 5
    STRIO   - STERBERATE-INDUSTRIEPRODUKTION-
                MULTIPLIKATOR (1)
    STRBEVD - STERBERATE-BEVOELKERUNGSDICHTE-
                MULTIPLIKATOR (1)
    STRUV   - STERBERATE-UMWELTVERSCHMUTZUNG-
                MULTIPLIKATOR (1)

STRUV.K=TABLE(STRUVT,RUV.K,0,100,10)                  10, A
STRUVT=1/1.01/1.05/1.12/1.3/1.5/1.75/2.2/3/5/10       10.1, T
    STRUV   - STERBERATE-UMWELTVERSCHMUTZUNG-
                MULTIPLIKATOR (1)
    STRUVT  - STERBERATE-UMWELTVERSCHMUTZUNG-
                MULTIPLIKATOR TAFEL
    RUV     - RELATIVE UMWELTVERSCHMUTZUNG (1)

STRBEVD.K=TABLE(STRBEVT,BEVD.K,0,5,1)                 11, A
STRBEVT=1.0/1/1.2/1.5/1.9/3                           11.1, T
    STRBEVD - STERBERATE-BEVOELKERUNGSDICHTE-
                MULTIPLIKATOR (1)
    STRBEVT - STERBERATE-BEVOELKERUNGSDICHTE-
                MULTIPLIKATOR TAFEL
    BEVD    - BEVOELKERUNGSDICHTE (1)

STRIO.K=TABHL(STRIOT,IOK.K,0,1000,50)                 12, A
STRIOT=3.3/2.52/1.92/1.51/1.1/.9/.71/.655/.6/.587/    12.1, T
  .575/.5745/.574/.5735/.573/.5725/.572/.571/.57/
  .57/.57
    STRIO   - STERBERATE-INDUSTRIEPRODUKTION-
                MULTIPLIKATOR (1)
    STRIOT  - STERBERATE-INDUSTRIEPRODUKTION-
                MULTIPLIKATOR TAFEL
    IOK     - INDUSTRIEPRODUKTION PRO KOPF ($/CAP*A)
```

ENERGIEMODELL   4/23/76

INDUSTRIEKAPITALSEKT

```
IKAP.K=IKAP.J+(DT)(INVR.JK-ABNR.JK)                      13, L
IKAP=IKAPA                                               13.1, N
IKAPA=2.664E11                                           13.2, C
    IKAP   - INDUSTRIEKAPITAL ($)
    INVR   - INVESTITIONSRATE ($/A)
    ABNR   - ABNUTZUNGSRATE INDUSTRIEKAPITAL ($/A)
    IKAPA  - INDUSTRIEKAPITAL ANFANG

ABNR.KL=IKAP.K/LZIKAP.K                                  14, R
    ABNR   - ABNUTZUNGSRATE INDUSTRIEKAPITAL ($/A)
    IKAP   - INDUSTRIEKAPITAL ($)
    LZIKAP - LEBENSZEIT INDUSTRIEKAPITAL (A)

LZIKAP.K=CLIP(LZIKAP1,LZIKAP2,SWT2,TIME.K)               15, A
LZIKAP1=14                                               15.1, C
LZIKAP2=14                                               15.2, C
SWT2=1970                                                15.3, C
    LZIKAP  - LEBENSZEIT INDUSTRIEKAPITAL (A)
    LZIKAP1 - LEBENSZEIT INDUSTRIEKAPITAL 1
    LZIKAP2 - LEBENSZEIT INDUSTRIEKAPITAL 2
    SWT2    - SWITCH-TIME 2

IO.K=(IKAP.K)/(SKAGE.K)                                  16, A
    IO     - INDUSTRIEPRODUKTION (GE/A)
    IKAP   - INDUSTRIEKAPITAL ($)
    SKAGE  - SPEZ. KAPITALEINSATZ PRO GUETEREINHEIT ($A/
             GE)

SKAGE.K=(PAK.K+SKAE.K+SKARO.K)*URAM.K                    17, A
    SKAGE  - SPEZ. KAPITALEINSATZ PRO GUETEREINHEIT ($A/
             GE)
    PAK    - KAPITALAUFWAND PRODUKTIONSANLAGEN ($*A/GE)
    SKAE   - SPEZ. KAPITALAUFWAND ZUR ENERGIEBEREIT-
             STELLUNG ($*A/GE)
    SKARO  - SPEZ. KAPITALAUFWAND ZUR ROHSTOFF-
             BEREITSTELLUNG ($A/GE)
    URAM   - MULTIPLIKATOR AUFWENDUNGEN UMWELTSCHUTZ-
             MASSNAHMEN (1)

PAK.K=CLIP(PAK1,PAK2,SWT3,TIME.K)                        18, A
PAK1=3                                                   18.1, C
PAK2=3                                                   18.2, C
SWT3=1970                                                18.3, C
    PAK    - KAPITALAUFWAND PRODUKTIONSANLAGEN ($*A/GE)
    PAK1   - KAPITALAUFWAND PRODUKTIONSANLAGEN 1
    PAK2   - KAPITALAUFWAND PRODUKTIONSANLAGEN 2
    SWT3   - SWITCH-TIME 2

SKAE.K=SKAEA*KAPEM.K                                     19, A
    SKAE   - SPEZ. KAPITALAUFWAND ZUR ENERGIEBEREIT-
             STELLUNG ($*A/GE)
    SKAEA  - SPEZ. KAPITALAUFWAND ZUR ENERGIEBEREIT-
             STELLUNG ANFANG
    KAPEM  - KAPITALAUFWAND-ENERGIE-MULTIPLIKATOR (1)
```

PAGE 5   ENERGIEMODELL   4/23/76

```
SKARO.K=SKAROA*KAPROM.K                              20, A
SKAEA=.114                                           20.1, C
SKAROA=.17                                           20.2, C
    SKARO   - SPEZ. KAPITALAUFWAND ZUR ROHSTOFF-
                BEREITSTELLUNG ($A/GE)
    SKAROA  - SPEZ. KAPITALAUFWAND ZUR ROHSTOFF-
                BEREITSTELLUNG ANFANG
    KAPROM  - KAPITALAUFWAND-ROHSTOFFE-MULTIPLIKATOR (1)
    SKAEA   - SPEZ. KAPITALAUFWAND ZUR ENERGIEBEREIT-
                STELLUNG ANFANG

URAM.K=TABLE(URAMT,UVF.K,0,1,.1)                     21, A
URAMT=1.5/1.3/1.21/1.14/1.08/1.05/1.03/1.02/1.012/   21.1, T
  1.005/1
    URAM    - MULTIPLIKATOR AUFWENDUNGEN UMWELTSCHUTZ-
                MASSNAHMEN (1)
    URAMT   - MULTIPLIKATOR AUFWENDUNGEN UMWELTSCHUTZ-
                MASSNAHMEN TAFEL
    UVF     - UMWELTVERSCHMUTZUNGS-FAKTOR (1)

INVR.KL=CLIP((IO.K*INVA.K),(MIN((IO.K*INVA.K),       22, R
  ABNR.JK)),SWT9,TIME.K)
SWT9=2200                                            22.1, C
    INVR    - INVESTITIONSRATE ($/A)
    IO      - INDUSTRIEPRODUKTION (GE/A)
    INVA    - INVESTITIONSANTEIL (1)
    ABNR    - ABNUTZUNGSRATE INDUSTRIEKAPITAL ($/A)
    SWT9    - SWITCH-TIME 9

INVA.K=INVRN*IKAIO.K                                 23, A
INVRN=0.467                                          23.1, C
    INVA    - INVESTITIONSANTEIL (1)
    INVRN   - INVESTITIONSRATE NORMAL
    IKAIO   - INDUSTRIEKAPITAL-INVESTITIONS-FAKTOR (1)

IOK.K=IO.K/BEV.K                                     24, A
    IOK     - INDUSTRIEPRODUKTION PRO KOPF ($/CAP*A)
    IO      - INDUSTRIEPRODUKTION (GE/A)
    BEV     - BEVOELKERUNG (CAP)

IKAIO.K=TABHL(IKAIOT,IOK.K,0,2000,50)                25, A
IKAIOT=.42/.6/.8/.98/.9°/1/1.01/1.02/1.02/1.02/      25.1, T
  1.02/1.01/1.00/.98/.96/.94/.92/.9/.88/.86/.84/
  .82/.8/.78/.76/.75/.74/.73/.72/.71/.7/.69/.68/
  .67/.66/.65/.64/.63/.62/.61/.6
IOK70=230                                            25.4, C
    IKAIO   - INDUSTRIEKAPITAL-INVESTITIONS-FAKTOR (1)
    IKAIOT  - INDUSTRIEKAPITAL-INVESTITIONS-FAKTOR TAFEL
    IOK     - INDUSTRIEPRODUKTION PRO KOPF ($/CAP*A)
    IOK70   - INDUSTRIEPRODUKTION PRO KOPF 1970 ($/CAP*A)
```

PAGE 6   ENERGIEMODELL   4/23/76

UMWELTSEKTOR

```
UV.K=UV.J+(DT)(UVR.JK-UVAR.JK)                          26, L
UV=UVA                                                  26.1, N
UVA=.15                                                 26.2, C
    UV      - UMWELTVERSCHMUTZUNG (UVE)
    UVR     - UMWELTVERSCHMUTZUNGS-RATE (UVE/A)
    UVAR    - UMWELTVERSCHMUTZUNGS-ABSORPTIONSRATE (UVE/
              A)
    UVA     - UMWELTVERSCHMUTZUNG ANFANG

IOKUV.K=TABHL(IOKUVT,IOK.K/IOK70,0,10,1)                27, A
IOKUVT=0/1/2/3/4/5/6/7/8/9/10                           27.1, T
    IOKUV   - INDUSTRIEPRODUKTION-UMWELTVERSCHMUTZUNGS-
              FAKTOR (1)
    IOKUVT  - INDUSTRIEPRODUKTION-UMWELTVERSCHMUTZUNGS-
              FAKTOR TAFEL
    IOK     - INDUSTRIEPRODUKTION PRO KOPF ($/CAP*A)
    IOK70   - INDUSTRIEPRODUKTION PRO KOPF 1970 ($/CAP*A)

UVRN.K=TABLE(UVRNT,RZA.K,0,1,.1)                        28, A
UVRNT=1/.99/.98/.97/.96/.95/.94/.93/.92/.91/.9          28.1, T
    UVRN    - UMWELTVERSCHMUTZUNGS-RATE NORMAL (UVE/CAP*
              A)
    UVRNT   - UMWELTVERSCHMUTZUNGS-RATE NORMAL TAFEL
    RZA     - REZYKLIERUNGSANTEIL (1)

UVF.K=TABHL(UVFT,TIME.K,1960,2000,5)                    29, A
UVFT=1/1/1/1/1/1/1/1/1                                  29.1, T
    UVF     - UMWELTVERSCHMUTZUNGS-FAKTOR (1)
    UVFT    - UMWELTVERSCHMUTZUNGS-FAKTOR-TAFEL

VER.KL=(UVRN.K*IOKUV.K)(BEV.K/BEV70)(UVF.K)             30, R
    VER     - VERSCHMUTZUNGSRATE (UVE/A)
    UVRN    - UMWELTVERSCHMUTZUNGS-RATE NORMAL (UVE/CAP*
              A)
    IOKUV   - INDUSTRIEPRODUKTION-UMWELTVERSCHMUTZUNGS-
              FAKTOR (1)
    BEV     - BEVOELKERUNG (CAP)
    BEV70   - BEVOELKERUNG 1970 (CAP)
    UVF     - UMWELTVERSCHMUTZUNGS-FAKTOR (1)

UVR.KL=DELAY3(VER.JK,VWZ)                               31, R
VWZ=10                                                  31.1, C
    UVR     - UMWELTVERSCHMUTZUNGS-RATE (UVE/A)
    VER     - VERSCHMUTZUNGSRATE (UVE/A)
    VWZ     - VERZOEGERUNGSZEIT (A)

UVAZ.K=UVAZ70*TABHL(UVAZT,RUV.K,0,30,5)                 32, A
UVAZT=1/1.2/1.7/2.2/2.7/3.2/3.7                         32.1, T
UVAZ70=3                                                32.2, C
    UVAZ    - UMWELTVERSCHMUTZUNGS-ABSORPTIONSZEIT (A)
    UVAZ70  - UMWELTVERSCHMUTZUNGS-ABSORPTIONSZEIT 1970
              (A)
    UVAZT   - UMWELTVERSCHMUTZUNGS-ABSORPTIONSZEIT TAFEL
    RUV     - RELATIVE UMWELTVERSCHMUTZUNG (1)
```

PAGE 7   ENERGIEMODELL   4/23/76

```
RUV.K=UV.K/UV70                                          33, A
UV70=1.5                                                 33.1, C
    RUV    - RELATIVE UMWELTVERSCHMUTZUNG (1)
    UV     - UMWELTVERSCHMUTZUNG (UVE)
    UV70   - UMWELTVERSCHMUTZUNG 1970

UVAR.KL=UV.K/UVAZ.K                                      34, R
    UVAR   - UMWELTVERSCHMUTZUNGS-ABSORPTIONSRATE (UVE/
             A)
    UV     - UMWELTVERSCHMUTZUNG (UVE)
    UVAZ   - UMWELTVERSCHMUTZUNGS-ABSORPTIONSZEIT (A)

  ROHSTOFFSEKTOR

ROR.K=ROR.J+(DT)(-ROEXR.JK)                              35, L
ROR=RORA                                                 35.1, N
RORA=1E12                                                35.2, C
    ROR    - ROHSTOFFRESERVEN (ROE)
    ROEXR  - ROHSTOFFEXTRAKTIONS-RATE (ROE/A)
    RORA   - ROHSTOFFRESERVEN ANFANG

ROLA.K=ROLA.J+(DT)(REZR.JK+ROEXR.JK-ROVR.JK)             36, L
ROLA=ROLAA                                               36.1, N
ROLAA=.1E9                                               36.2, C
    ROLA   - ROHSTOFFLAGER (ROE)
    REZR   - REZYKLIERUNGSRATE (ROE/A)
    ROEXR  - ROHSTOFFEXTRAKTIONS-RATE (ROE/A)
    ROVR   - ROHSTOFFVERBRAUCHS-RATE (ROA/A)
    ROLAA  - ROHSTOFFLAGER ANFANG

ROVR.KL=(BEV.K)(ROVK.K)(RNF.K)                           37, R
ROVR=.341E9                                              37.1, N
    ROVR   - ROHSTOFFVERBRAUCHS-RATE (ROA/A)
    BEV    - BEVOELKERUNG (CAP)
    ROVK   - ROHSTOFFVERBRAUCH PRO KOPF (ROE/CAP*A)
    RNF    - ROHSTOFFNUTZUNGS-FAKTOR (1)

ROVK.K=TABHL(ROVKT,IOK.K,0,1600,200)                     38, A
ROVKT=0/.85/2.6/4.4/5.4/6.2/6.8/7/7                      38.1, T
    ROVK   - ROHSTOFFVERBRAUCH PRO KOPF (ROE/CAP*A)
    ROVKT  - ROHSTOFFVERBRAUCH PRO KOPF TAFEL
    IOK    - INDUSTRIEPRODUKTION PRO KOPF ($/CAP*A)

RNF.K=CLIP(RNF1,RNF2,SWT4,TIME.K)                        39, A
RNF1=1                                                   39.1, C
RNF2=1                                                   39.2, C
SWT4=1970                                                39.3, C
    RNF    - ROHSTOFFNUTZUNGS-FAKTOR (1)
    RNF1   - ROHSTOFFNUTZUNGS-FAKTOR 1
    RNF2   - ROHSTOFFNUTZUNGS-FAKTOR 2
    SWT4   - SWITCH-TIME 4

ROAR.KL=DELAY3(ROVR.JK,DNZ)                              40, R
    ROAR   - ROHSTOFFABNUTZUNGS-RATE (ROE/A)
    ROVR   - ROHSTOFFVERBRAUCHS-RATE (ROA/A)
    DNZ    - DURCHSCHNITTLICHE NUTZUNGSZEIT (A)
```

PAGE 8   ENERGIEMODELL   4/23/76

```
REZR.KL=(DELAY3(ROVR.JK,DNZ))(RZA.K)                        41, R
REZR=0                                                      41.1, N
DNZ=10                                                      41.2, C
    REZR    - REZYKLIERUNGSRATE (ROE/A)
    ROVR    - ROHSTOFFVERBRAUCHS-RATE (ROA/A)
    DNZ     - DURCHSCHNITTLICHE NUTZUNGSZEIT (A)
    RZA     - REZYKLIERUNGSANTEIL (1)

ROVA.K=ROR.K/RORA                                           42, A
    ROVA    - ROHSTOFFRESERVEN-VERBLEIBANTEIL (1)
    ROR     - ROHSTOFFRESERVEN (ROE)
    RORA    - ROHSTOFFRESERVEN ANFANG

KAPROEX.K=TABHL(KAPROET,ROVA.K,0,1,.05)                     43, A
KAPROET=1000/25/15/10/8/6/5/4.5/3/2.8/2.6/2/1.6/            43.1, T
    1.4/1.2/1.15/1.1/1.05/1/1/1
    KAPROEX- KAPITALAUFWAND-EXTRAKTION
    KAPROET- KAPITALAUFWAND-EXTRAKTION TAFEL
    ROVA    - ROHSTOFFRESERVEN-VERBLEIBANTEIL (1)

MRZA.K=TABHL(MRZAT,KAPROEX.K,0,29,1)                        44, A
MRZAT=0/0/.1/.2/.3/.4/.5/.6/.7/.8/.9/.905/.91/.915/         44.1, T
    .92/.925/.93/.935/.94/.945/.95/.95/.95/.95/.95/
    .95/.95/.95/.95/.95
    MRZA    - MAXIMALER REZYKLIERUNGSANTEIL (1)
    MRZAT   - MAXIMALER REZYKLIERUNGSANTEIL TAFEL
    KAPROEX- KAPITALAUFWAND-EXTRAKTION

HILF.K=MIN(MRZA.K,(ROVR.JK/ROAR.JK))                        45, A
    HILF    - HILFSGROESSE
    MRZA    - MAXIMALER REZYKLIERUNGSANTEIL (1)
    ROVR    - ROHSTOFFVERBRAUCHS-RATE (ROA/A)
    ROAR    - ROHSTOFFABNUTZUNGS-RATE (ROE/A)

RZA.K=CLIP(0,(CLIP(HILF.K,.9,SWT7,TIME.K)),SWT10,           46, A
    TIME.K)
SWT7=2200                                                   46.1, C
SWT10=2200                                                  46.2, C
    RZA     - REZYKLIERUNGSANTEIL (1)
    HILF    - HILFSGROESSE
    SWT7    - SWITCH-TIME 7
    SWT10   - SWITCH-TIME 10

KAPREZ.K=CLIP((TABLE(KAPREZT,RZA.K,0,.95,.05)),             47, A
    KAPREZM,SWT7,TIME.K)
KAPREZT=1/1.22/1.44/1.67/1.9/2.12/2.35/2.57/2.8/            47.1, T
    3.02/3.24/3.47/3.7/3.92/4.18/4.39/4.6/4.8/5/10
KAPREZM=10                                                  47.3, C
    KAPREZ  - KAPITALAUFWAND REZYKLIERUNG
    KAPREZT- KAPITALAUFWAND REZYKLIERUNG TAFEL
    RZA     - REZYKLIERUNGSANTEIL (1)
    KAPREZM- KAPITALAUFWAND REZYKLIERUNG MAXIMAL
    SWT7    - SWITCH-TIME 7
```

PAGE 9   ENERGIEMODELL   4/23/76

```
ROLAG.K=(SMOOTH(ROVR.JK,DSZ1))(LAHF)                    48, A
DSZ1=3                                                  48.1, C
LAHF=1.5                                                48.2, C
    ROLAG   - GEWUENSCHTES ROHSTOFFLAGER (ROE)
    ROVR    - ROHSTOFFVERBRAUCHS-RATE (ROA/A)
    DSZ1    - DURCHSCHNITTSZEIT (A)
    LAHF    - LAGERHALTUNGSFAKTOR (1)

LADF.K=ROLAG.K-ROLA.K                                   49, A
    LADF    - LAGERDIFFERENZ (ROE)
    ROLAG   - GEWUENSCHTES ROHSTOFFLAGER (ROE)
    ROLA    - ROHSTOFFLAGER (ROE)

ROEXR.KL=FIFGE((MAX(0,(LADF.K/EXZ))),0,ROVA.K,0)        50, R
EXZ=1                                                   50.1, C
    ROEXR   - ROHSTOFFEXTRAKTIONS-RATE (ROE/A)
    LADF    - LAGERDIFFERENZ (ROE)
    EXZ     - EXTRAKTIONSZEIT (A)
    ROVA    - ROHSTOFFRESERVEN-VERBLEIBANTEIL (1)

ROGWR.K=CLIP(1,(ROEXR.JK+REZR.JK),SWT10,TIME.K)         51, A
    ROGWR   - ROHSTOFFGEWINNUNGS-RATE (ROE/A)
    ROEXR   - ROHSTOFFEXTRAKTIONS-RATE (ROE/A)
    REZR    - REZYKLIERUNGSRATE (ROE/A)
    SWT10   - SWITCH-TIME 10

ANEXM.K=CLIP(1,(ROEXR.JK/ROGWR.K),SWT10,TIME.K)         52, A
    ANEXM   - ANTEIL ROHSTOFFEXTRAKTION (1)
    ROEXR   - ROHSTOFFEXTRAKTIONS-RATE (ROE/A)
    ROGWR   - ROHSTOFFGEWINNUNGS-RATE (ROE/A)
    SWT10   - SWITCH-TIME 10

ANREZM.K=CLIP(0,(REZR.JK/ROGWR.K),SWT10,TIME.K)         53, A
    ANREZM  - ANTEIL ROHSTOFFREZYKLIERUNG (1)
    REZR    - REZYKLIERUNGSRATE (ROE/A)
    ROGWR   - ROHSTOFFGEWINNUNGS-RATE (ROE/A)
    SWT10   - SWITCH-TIME 10

KAPROA.K=ANREZM.K*KAPREZ.K+ANEXM.K*KAPROEX.K            54, A
    KAPROA  - KAPITALAUFWAND FUER ROHSTOFFE
    ANREZM  - ANTEIL ROHSTOFFREZYKLIERUNG (1)
    KAPREZ  - KAPITALAUFWAND REZYKLIERUNG
    ANEXM   - ANTEIL ROHSTOFFEXTRAKTION (1)
    KAPROEX - KAPITALAUFWAND-EXTRAKTION

KAPROM.K=SMOOTH(KAPROA.K,DLZ)                           55, A
DLZ=2                                                   55.1, C
    KAPROM  - KAPITALAUFWAND-ROHSTOFFE-MULTIPLIKATOR (1)
    KAPROA  - KAPITALAUFWAND FUER ROHSTOFFE
    DLZ     - DURCHSCHNITTLICHE LAGERZEIT (A)
```

ENERGIEMODELL   4/23/76

ENERGIESEKTOR
ENERGIEVERBRAUCH

```
EV.K=(BEV.K)(EVK.K)(EVZRUV.K)                               56, A
    EV      - ENERGIEVERBRAUCH (TSKE/A)
    BEV     - BEVOELKERUNG (CAP)
    EVK     - ENERGIEVERBRAUCH PRO KOPF (TSKE/CAP*A)
    EVZRUV  - ENERGIEVERBRAUCH FUER UMWELTSCHUTZ-
              MASSNAHMEN (1)

EVK.K=TABLE(EVKT,IOK.K,0,2000,50)                           57, A
EVKT=0/.6/1.5/1.75/2.05/2.35/2.57/2.8/3.15/3.5/             57.1, T
  3.75/4/4.27/4.55/4.85/5.15/5.45/5.75/6/6.25/6.52/
  6.8/7.1/7.4/7.7/8/8.25/8.5/8.8/9.1/9.375/9.65/
  9.925/10.2/10.475/10.75/11.025/11.3/11.575/11.85
    EVK     - ENERGIEVERBRAUCH PRO KOPF (TSKE/CAP*A)
    EVKT    - ENERGIEVERBRAUCH PRO KOPF-TAFEL
    IOK     - INDUSTRIEPRODUKTION PRO KOPF ($/CAP*A)

EVZRUV.K=TABLE(EVZRUVT,UVF.K,0,1,.1)                        58, A
EVZRUVT=1.1/1.09/1.08/1.07/1.06/1.05/1.04/1.03/             58.1, T
  1.02/1.01/1
    EVZRUV  - ENERGIEVERBRAUCH FUER UMWELTSCHUTZ-
              MASSNAHMEN (1)
    EVZRUVT - ENERGIEVERBRAUCH FUER UMWELTSCHUTZ-
              MASSNAHMEN-TAFEL
    UVF     - UMWELTVERSCHMUTZUNGS-FAKTOR (1)

ERKO.K=ERKO.J+(DT)(-KOVR.JK)                                59, L
ERKO=ERKOA                                                  59.1, N
ERKOA=4300E9                                                59.2, C
    ERKO    - NUTZBARE KOHLERESERVEN (TSKE)
    KOVR    - KOHLEVERBRAUCHSRATE (TSKE/A)
    ERKOA   - NUTZBARE KOHLERESERVEN ANFANG (TSKE)

EROE.K=EROE.J+(DT)(-OEVR.JK)                                60, L
EROE=EROEA                                                  60.1, N
EROEA=320E9                                                 60.2, C
    EROE    - NUTZBARE ERDOELRESERVEN (TSKE)
    OEVR    - ERDOELVERBRAUCHSRATE (TSKE/A)
    EROEA   - NUTZBARE ERDOELRESERVEN ANFANG (TSKE)

EREG.K=EREG.J+(DT)(-EGVR.JK)                                61, L
EREG=EREGA                                                  61.1, N
EREGA=265E9                                                 61.2, C
    EREG    - NUTZBARE ERDGASRESERVEN (TSKE)
    EGVR    - ERDGASVERBRAUCHSRATE (TSKE/A)
    EREGA   - NUTZBARE ERDGASRESERVEN ANFANG (TSKE)
```

PAGE 11   ENERGIEMODELL   4/23/76

```
ERKE.K=ERKE.J+(DT)(-(CLIP(0,KEBVR.JK,SWT11,            62, L
    TIME.J)))
ERKE=ERKEA                                             62.1, N
ERKEA=80E6                                             62.2, C
SWT11=2200                                             62.3, C
    ERKE    - NUTZBARE KERNBRENNSTOFF-RESERVEN (T KEBRST)
    KEBVR   - KERNBRENNSTOFFBEDARF ( OHNE INVENTARBEDARF(
              (T KEBRST/A)
    SWT11   - SWITCH-TIME 11
    ERKEA   - NUTZBARE KERNBRENNSTOFF-RESERVEN ANFANG (T
              KEBRST)

ER.K=ERKO.K+EROE.K+EREG.K+(CLIP(0,(ERKE.K*2.5E6),      63, A
    SWTKE.K,TIME.K))
    ER      - ENERGIERESERVEN (TSKE)
    ERKO    - NUTZBARE KOHLERESERVEN (TSKE)
    EROE    - NUTZBARE ERDOELRESERVEN (TSKE)
    EREG    - NUTZBARE ERDGASRESERVEN (TSKE)
    ERKE    - NUTZBARE KERNBRENNSTOFF-RESERVEN (T KEBRST)
    SWTKE   - SWITCH-TIME KERNENERGIE

ERA.K=ERKOA+EROEA+EREGA+(CLIP(0,(ERKEA*2.5E6),         64, A
    SWTKE.K,TIME.K))
    ERA     - ENERGIERESERVEN ANFANG (TSKE)
    ERKOA   - NUTZBARE KOHLERESERVEN ANFANG (TSKE)
    EROEA   - NUTZBARE ERDOELRESERVEN ANFANG (TSKE)
    EREGA   - NUTZBARE ERDGASRESERVEN ANFANG (TSKE)
    ERKEA   - NUTZBARE KERNBRENNSTOFF-RESERVEN ANFANG (T
              KEBRST)
    SWTKE   - SWITCH-TIME KERNENERGIE

SWTKE.K=CLIP(2200,1800,SWT11,2100)                     65, A
    SWTKE   - SWITCH-TIME KERNENERGIE
    SWT11   - SWITCH-TIME 11

KORVA.K=ERKO.K/ERKOA                                   66, A
    KORVA   - KOHLERESERVEN-VERBLEIBANTEIL (1)
    ERKO    - NUTZBARE KOHLERESERVEN (TSKE)
    ERKOA   - NUTZBARE KOHLERESERVEN ANFANG (TSKE)

OERVA.K=EROE.K/EROEA                                   67, A
    OERVA   - ERDOELRESERVEN-VERBLEIBANTEIL (1)
    EROE    - NUTZBARE ERDOELRESERVEN (TSKE)
    EROEA   - NUTZBARE ERDOELRESERVEN ANFANG (TSKE)

EGRVA.K=EREG.K/EREGA                                   68, A
    EGRVA   - ERDGASRESERVEN-VERBLEIBANTEIL (1)
    EREG    - NUTZBARE ERDGASRESERVEN (TSKE)
    EREGA   - NUTZBARE ERDGASRESERVEN ANFANG (TSKE)

KERVA.K=ERKE.K/ERKEA                                   69, A
    KERVA   - KERNENERGIERESERVEN-VERBLEIBANTEIL (1)
    ERKE    - NUTZBARE KERNBRENNSTOFF-RESERVEN (T KEBRST)
    ERKEA   - NUTZBARE KERNBRENNSTOFF-RESERVEN ANFANG (T
              KEBRST)
```

PAGE 12   ENERGIEMODELL   4/23/76

ERVA.K=ER.K/ERA.K   70, A
    ERVA - ENERGIERESERVEN-VERBLEIBANTEIL (1)
    ER   - ENERGIERESERVEN (TSKE)
    ERA   - ENERGIERESERVEN ANFANG (TSKE)

WERKO.K=WERKO.J+(DT)(-EXPLKO.JK)   71, L
WERKO=WERKOA   71.1, N
WERKOA=3300E9   71.2, C
    WERKO - WAHRSCHEINLICHE KOHLERESERVEN (TSKE)
    EXPLKO - EXPLORATIONSRATE KOHLE (TSKE/A)
    WERKOA - WAHRSCHEINLICHE KOHLERESERVEN ANFANG (TSKE)

WEROE.K=WEROE.J+(DT)(-EXPLOE.JK)   72, L
WEROE=WEROEA   72.1, N
WEROEA=319.58E9   72.2, C
    WEROE - WAHRSCHEINLICHE ERDOELRESERVEN (TSKE)
    EXPLOE - EXPLORATIONSRATE ERDOEL (TSKE/A)
    WEROEA - WAHRSCHEINLICHE ERDOELRESERVEN ANFANG
             (TSKE)

WEREG.K=WEREG.J+(DT)(-EXPLEG.JK)   73, L
WEREG=WEREGA   73.1, N
WEREGA=264.94E9   73.2, C
    WEREG - WAHRSCHEINLICHE ERDGASRESERVEN (TSKE)
    EXPLEG - EXPLORATIONSRATE ERDGAS (TSKE/A)
    WEREGA - WAHRSCHEINLICHE ERDGASRESERVEN ANFANG
             (TSKE)

WERKE.K=WERKE.J+(DT)(-(CLIP(0,EXPLKE.JK,SWT11,   74, L
    TIME.J)))
WERKE=WERKEA   74.1, N
WERKEA=78.2E6   74.2, C
    WERKE - WAHRSCHEINLICHE KERNBRENNSTOFF-RESERVEN (T
             KEBRST)
    EXPLKE - EXPLORATIONSRATE KERNENERGIE (T KEBRST)
    SWT11 - SWITCH-TIME 11
    WERKEA - WAHRSCHEINLICHE KERNBRENNSTOFF-RESERVEN
             ANFANG (T KEBRST)

NERKO.K=NERKO.J+(DT)(EXPLKO.JK-KOVR.JK)   75, L
NERKO=NERKOA   75.1, N
NERKOA=1000E9   75.2, C
    NERKO - NACHGEWIESENE KOHLERESERVEN (T SKE)
    EXPLKO - EXPLORATIONSRATE KOHLE (TSKE/A)
    KOVR   - KOHLEVERBRAUCHSRATE (T SKE/A)
    NERKOA - NACHGEWIESENE KOHLERESERVEN ANFANG

NEROE.K=NEROE.J+(DT)(EXPLOE.JK-OEVR.JK)   76, L
NEROE=NEROEA   76.1, N
NEROEA=420E6   76.2, C
    NEROE - NACHGEWIESENE ERDOELRESERVEN (T SKE)
    EXPLOE - EXPLORATIONSRATE ERDOEL (TSKE/A)
    OEVR   - ERDOELVERBRAUCHSRATE (TSKE/A)
    NEROEA - NACHGEWIESENE ERDOELRESERVEN ANFANG

PAGE 13   ENERGIEMODELL   4/23/76

```
NEREG.K=NEREG.J+(DT)(EXPLEG.JK-EGVR.JK)              77, L
NEREG=NEREGA                                         77.1, N
NEREGA=60E6                                          77.2, C
    NEREG   - NACHGEWIESENE ERDGASRESERVEN (T SKE)
    EXPLEG  - EXPLORATIONSRATE ERDGAS (TSKE/A)
    EGVR    - ERDGASVERBRAUCHSRATE (TSKE/A)
    NEREGA  - NACHGEWIESENE ERDGASRESERVEN ANFANG

NERKE.K=NERKE.J+(DT)((CLIP(0,EXPLKE.JK,SWT11,        78, L
  TIME.J))-(CLIP(0,KEBVR.JK,SWT11,TIME.J)))
NERKE=NERKEA                                         78.2, N
NERKEA=1.8E6                                         78.3, C
    NERKE   - NACHGEWIESENE RESERVEN KERNBRENNSTOFF (T
                KEBRST)
    EXPLKE  - EXPLORATIONSRATE KERNENERGIE (T KEBRST)
    SWT11   - SWITCH-TIME 11
    KEBVR   - KERNBRENNSTOFFBEDARF ( OHNE INVENTARBEDARF(
                (T KEBRST/A)
    NERKEA  - NACHGEWIESENE RESERVEN KERNBRENNSTOFF
                ANFANG

NZIKO.K=NERKO.K/(SWITCH(1,KOVR.JK,KOVR.JK))          79, A
    NZIKO   - NUTZUNGSZEITINDEX-KOHLE (A)
    NERKO   - NACHGEWIESENE KOHLERESERVEN (T SKE)
    KOVR    - KOHLEVERBRAUCHSRATE (T SKE/A)

NZIOE.K=NEROE.K/(SWITCH(1,OEVR.JK,OEVR.JK))          80, A
    NZIOE   - NUTZUNGSZEITINDEX-ERDOEL (A)
    NEROE   - NACHGEWIESENE ERDOELRESERVEN (T SKE)
    OEVR    - ERDOELVERBRAUCHSRATE (TSKE/A)

NZIEG.K=NEREG.K/(SWITCH(1,EGVR.JK,EGVR.JK))          81, A
    NZIEG   - NUTZUNGSZEITINDEX-ERDGAS (A)
    NEREG   - NACHGEWIESENE ERDGASRESERVEN (T SKE)
    EGVR    - ERDGASVERBRAUCHSRATE (TSKE/A)

KEBVRNZ.K=CLIP((KEBRV.K+KEBRIVB.K),KEBRV.K,          82, A
  KEBRIVB.K,.01)
    KEBVRNZ- KERNBRENNSTOFF-VERBRAUCH FUER
                NUTZUNGSZEITINDEX
    KEBRV   - KERNBRENNSTOFF-VERBRAUCHSRATE (T KEBRST/A)
    KEBRIVB- KERNBRENNSTOFF-INVENTARBEDARF (T KEBRST)/A)
```

ENERGIEMODELL   4/23/76

```
NZIKE.K=NERKE.K/(SWITCH(1,KEBVRNZ.K,KEBVRNZ.K))        83, A
NZIKOG=50                                              83.1, C
NZIOEG=50                                              83.2, C
NZIEGG=50                                              83.3, C
NZIKEG=50                                              83.4, C
     NZIKE   - NUTZUNGSZEITINDEX-KERNENERGIE (A)
     NERKE   - NACHGEWIESENE RESERVEN KERNBRENNSTOFF (T
               KEBRST)
     KEBVRNZ- KERNBRENNSTOFF-VERBRAUCH FUER
               NUTZUNGSZEITINDEX
     NZIKOG  - NUTZUNGSZEITINDEX-KOHLE GEWUENSCHT (A)
     NZIOEG  - NUTZUNGSZEITINDEX-ERDOEL GEWUENSCHT (A)
     NZIEGG  - NUTZUNGSZEITINDEX-ERDGAS GEWUENSCHT (A)
     NZIKEG  - NUTZUNGSZEITINDEX-KERNENERGIE GEWUENSCHT
               (A)

KKOV.K=KKOV.J+(DT)*(KOVR.JK)                           84, L
KKOV=KKOVA                                             84.1, N
KKOVA=0                                                84.2, C
     KKOV    - KUMULIERTER KOHLEVERBRAUCH (T SKE)
     KOVR    - KOHLEVERBRAUCHSRATE (T SKE/A)
     KKOVA   - KUMULIERTER KOHLEVERBRAUCH ANFANG

KOEV.K=KOEV.J+(DT)*(OEVR.JK)                           85, L
KOEV=KOEVA                                             85.1, N
KOEVA=0                                                85.2, C
     KOEV    - KUMULIERTER ERDOELVERBRAUCH (T SKE)
     OEVR    - ERDOELVERBRAUCHSRATE (TSKE/A)
     KOEVA   - KUMULIERTER ERDOELVERBRAUCH ANFANG

KEGV.K=KEGV.J+(DT)*(EGVR.JK)                           86, L
KEGV=KEGVA                                             86.1, N
KEGVA=0                                                86.2, C
     KEGV    - KUMULIERTER ERDGASVERBRAUCH (T SKE)
     EGVR    - ERDGASVERBRAUCHSRATE (TSKE/A)
     KEGVA   - KUMULIERTER ERDGASVERBRAUCH ANFANG

KKEBRV.K=KKEBRV.J+(DT)*(CLIP(0,KEBVR.JK,SWT11,         87, L
     TIME.J))
KKEBRV=KKEBRVA                                         87.1, N
KKEBRVA=0                                              87.2, C
     KKEBRV  - KUMULIERTER KERNBRENNSTOFF-VERBRAUCH (T
               KEBRST)
     KEBVR   - KERNBRENNSTOFFBEDARF ( OHNE INVENTARBEDARF(
               (T KEBRST/A)
     SWT11   - SWITCH-TIME 11
     KKEBRVA- KUMULIERTER KERNBRENNSTOFF-VERBRAUCH ANFANG

KOGKM.K=TABLE(KOGKT,KKOV.K,0,7600E9,100E9)             88, A
KOGKT=.4/1/1.1/1.2/1.3/1.4/1.5/1.6/1.7/1.8/1.9/2/      88.1, T
 2.1/2.2/2.3/2.4/2.5/2.6/2.7/2.8/2.9/3/3.2/3.4/
 3.6/3.8/4/4.2/4.4/4.6/4.8/5.1/5.4/5.7/6.1/6.5/
 6.9/7.4/8/8.8/10/12.5/30/1000/1000/0/0/0/0/0/0/
 0/0/0/0/0/0/0/0/0/0/0/0/0/0/0/0/0/0/0/0/0/0/0/0
     KOGKM   - KOHLE-GEWINNUNGSKOSTEN-MULTIPLIKATOR (1)
     KOGKT   - KOHLE-GEWINNUNGSKOSTEN-MULTIPLIKATOR TAFEL
     KKOV    - KUMULIERTER KOHLEVERBRAUCH (T SKE)
```

PAGE 15   ENERGIEMODELL   4/23/76


```
OEGKM.K=TABLE(OEGKT,KOEV.K,0,480E9,20E9)              89, A
OEGKT=1/1/1/1.2/1.5/1.9/2.3/3/3.8/4.8/6/7.5/10/14/    89.1, T
  20/30/100/101/0/0/0/0/0/0/0
    OEGKM   - ERDOELGEWINNUNGS-KOSTEN MULTIPLIKATOR (1)
    OEGKT   - ERDOELGEWINNUNGS-KOSTEN MULTIPLIKATOR TAFEL
    KOEV    - KUMULIERTER ERDOELVERBRAUCH (T SKE)

EGGKM.K=TABLE(EGGKT,KEGV.K,0,390E9,5E9)               90, A
EGGKT=3.0/1./.95/1/1.01/1.025/1.05/1.075/1.1/1.15/    90.1, T
  1.2/1.25/1.3/1.35/1.4/1.45/1.5/1.55/1.6/1.65/1.7/
  1.8/1.9/2/2.1/2.25/2.4/2.6/2.8/3.05/3.3/3.55/3.8/
  4/4.4/4.75/5.1/5.55/6/6.5/7/7.6/8.2/8.95/9.7/
  10.6/11.5/12.7/14/20/30/50/70/100/101/0/0/0/0/0/
  0/0/0/0/0/0/0/0/0/0/0/0/0/0/0/0/0
    EGGKM   - ERDGASGEWINNUNGS-KOSTEN-MULTIPLIKATOR (1)
    EGGKT   - ERDGASGEWINNUNGS-KOSTEN-MULTIPLIKATOR-TAFEL
    KEGV    - KUMULIERTER ERDGASVERBRAUCH (T SKE)

KEGKM.K=TABLE(KEGKT,KKEBRV.K,0,80E6,5E6)              91, A
KEGKT=1/4/7.5/10.5/15/19.5/24/28.5/33/37.5/42/46.5/   91.1, T
  51/55/60/70/1000
    KEGKM   - KERNENERGIE-GEWINNUNGSKOSTEN-MULTIPLIKATOR
              (1)
    KEGKT   - KERNENERGIE-GEWINNUNGSKOSTEN-MULTIPLIKATOR
              TAFEL
    KKEBRV  - KUMULIERTER KERNBRENNSTOFF-VERBRAUCH (T
              KEBRST)

RGGKM.K=TABLE(RGGKT,RGVR.JK/NERRG,0,0.1,0.02)         92, A
RGGKT=1/1.3/2/3/4/6                                   92.1, T
NERRG=1000E9                                          92.2, C
    RGGKM   - REGENERATIVE ET-KOSTEN MULTIPLIKATOR (1)
    RGGKT   - REGENERATIVE ET-KOSTEN MULTIPLIKATOR TAFEL
    RGVR    - REGENERATIVE ET-NUTZUNGSRATE (T SKE/A)
    NERRG   - POTENTIAL REGENERATIVE ENERGIETRAEGER (T
              SKE)

EKKO.K=EKKON*EKKOM.K                                  93, A
    EKKO    - ENERGIEKOSTEN KOHLE (1)
    EKKON   - ENERGIEKOSTEN KOHLE NORMAL (1)
    EKKOM   - ENERGIEKOSTEN KOHLE MULTIPLIKATOR (1)

EKKOM.K=.4+.6*KOGKM.K                                 94, A
EKKON=1                                               94.1, C
    EKKOM   - ENERGIEKOSTEN KOHLE MULTIPLIKATOR (1)
    KOGKM   - KOHLE-GEWINNUNGSKOSTEN-MULTIPLIKATOR (1)
    EKKON   - ENERGIEKOSTEN KOHLE NORMAL (1)

EKOE.K=EKOEN*EKOEM.K                                  95, A
    EKOE    - ENERGIEKOSTEN ERDOEL (1)
    EKOEN   - ENERGIEKOSTEN ERDOEL NORMAL (1)
    EKOEM   - ENERGIEKOSTEN ERDOEL MULTIPLIKATOR (1)
```

ENERGIEMODELL   4/23/76

```
EKOEM.K=.48+.52*OEGKM.K                                    96, A
EKOEN=.6                                                   96.1, C
    EKOEM   - ENERGIEKOSTEN ERDOEL MULTIPLIKATOR (1)
    OEGKM   - ERDOELGEWINNUNGS-KOSTEN MULTIPLIKATOR (1)
    EKOEN   - ENERGIEKOSTEN ERDOEL NORMAL (1)

EKEG.K=EKEGN*EKEGM.K                                       97, A
    EKEG    - ENERGIEKOSTEN ERDGAS (1)
    EKEGN   - ENERGIEKOSTEN ERDGAS NORMAL (1)
    EKEGM   - ENERGIEKOSTEN ERDGAS-MULTIPLIKATOR

EKEGM.K=.5+.5*EGGKM.K                                      98, A
EKEGN=.55                                                  98.1, C
    EKEGM   - ENERGIEKOSTEN ERDGAS-MULTIPLIKATOR
    EGGKM   - ERDGASGEWINNUNGS-KOSTEN-MULTIPLIKATOR (1)
    EKEGN   - ENERGIEKOSTEN ERDGAS NORMAL (1)

EKKE.K=EKKEN*EKKEM.K                                       99, A
EKKEN=.65                                                  99.1, C
    EKKE    - ENERGIEKOSTEN KERNENERGIE (1)
    EKKEN   - ENERGIEKOSTEN KERNENERGIE NORMAL (1)
    EKKEM   - ENERGIEKOSTEN KERNENERGIE-MULTIPLIKATOR (1)

EKKEM.K=(EKKEM1.K*(1-AFR.K))+(EKKEM2.K*AFR.K)              100, A
    EKKEM   - ENERGIEKOSTEN KERNENERGIE-MULTIPLIKATOR (1)
    EKKEM1  - ENERGIEKOSTEN KERNENERGIE-MULTIPLIKATOR 1
    AFR     - ANTEIL FORTGESCHRITTENER REAKTOREN (1)
    EKKEM2  - ENERGIEKOSTEN KERNENERGIE-MULTIPLIKATOR 2

EKKEM1.K=.93+.07*KEGKM.K                                   101, A
    EKKEM1  - ENERGIEKOSTEN KERNENERGIE-MULTIPLIKATOR 1
    KEGKM   - KERNENERGIE-GEWINNUNGSKOSTEN-MULTIPLIKATOR
              (1)

EKKEM2.K=.99+.01*KEGKM.K                                   102, A
    EKKEM2  - ENERGIEKOSTEN KERNENERGIE-MULTIPLIKATOR 2
    KEGKM   - KERNENERGIE-GEWINNUNGSKOSTEN-MULTIPLIKATOR
              (1)

EKRG.K=EKRGN*RGGKM.K                                       103, A
EKRGN=1.0                                                  103.1, C
    EKRG    - ENERGIEKOSTEN REGENERATIVE ET (1)
    EKRGN   - ENERGIEKOSTEN REGENERATIVE ET NORMAL (1)
    RGGKM   - REGENERATIVE ET-KOSTEN MULTIPLIKATOR (1)

SREK.K=(1/(EKKO.K*EKKO.K))+(1/(EKOE.K*EKOE.K))+(1/         104, A
  (EKEG.K*EKEG.K))+CLIP(0,(1/(EKKE.K*EKKE.K)),
  SWT11,TIME.K)+CLIP(0,(1/(EKRG.K*EKRG.K)),SWT13,
  TIME.K)
    SREK    - SUMME DER REZIPROKEN ENERGIEKOSTEN
    EKKO    - ENERGIEKOSTEN KOHLE (1)
    EKOE    - ENERGIEKOSTEN ERDOEL (1)
    EKEG    - ENERGIEKOSTEN ERDGAS (1)
    EKKE    - ENERGIEKOSTEN KERNENERGIE (1)
    SWT11   - SWITCH-TIME 11
    EKRG    - ENERGIEKOSTEN REGENERATIVE ET (1)
```

PAGE 17   ENERGIEMODELL   4/23/76

```
INEKKO.K=1/(EKKO.K*EKKO.K*SREK.K)                           105, A
    INEKKO  - INDIKATORNUTZEN-ENERGIEKOSTEN-KOHLE
    EKKO    - ENERGIEKOSTEN KOHLE (1)
    SREK    - SUMME DER REZIPROKEN ENERGIEKOSTEN

INEKOE.K=1/(EKOE.K*EKOE.K*SREK.K)                           106, A
    INEKOE  - INDIKATORNUTZEN-ENERGIEKOSTEN-ERDOEL
    EKOE    - ENERGIEKOSTEN ERDOEL (1)
    SREK    - SUMME DER REZIPROKEN ENERGIEKOSTEN

INEKEG.K=1/(EKEG.K*EKEG.K*SREK.K)                           107, A
    INEKEG  - INDIKATORNUTZEN-ENERGIEKOSTEN-ERDGAS
    EKEG    - ENERGIEKOSTEN ERDGAS (1)
    SREK    - SUMME DER REZIPROKEN ENERGIEKOSTEN

INEKKE.K=CLIP(0,(1/(EKKE.K*EKKE.K*SREK.K)),SWT11,           108, A
   TIME.K)
    INEKKE  - INDIKATORNUTZEN-ENERGIEKOSTEN-KERNENERGIE
    EKKE    - ENERGIEKOSTEN KERNENERGIE (1)
    SREK    - SUMME DER REZIPROKEN ENERGIEKOSTEN
    SWT11   - SWITCH-TIME 11

INEKRG.K=CLIP(0,(1/(EKRG.K*EKRG.K*SREK.K)),SWT13,           109, A
   TIME.K)
    INEKRG  - INDIKATORNUTZEN-ENERGIEKOSTEN-REGENERATIVE
              ET
    EKRG    - ENERGIEKOSTEN REGENERATIVE ET (1)
    SREK    - SUMME DER REZIPROKEN ENERGIEKOSTEN

INNKO.K=TABHL(INNKOT,IOK.K,0,1000,100)                      110, A
INNKOT=1/1/1/1/1/1/1/1/1/1/1                                110.1, T
    INNKO   - INDIKATORNUTZEN-NUTZUNGS-EIGENSCHAFTEN-
              KOHLE
    INNKOT  - INDIKATORNUTZEN-NUTZUNGS-EIGENSCHAFTEN-
              KOHLE TAFEL
    IOK     - INDUSTRIEPRODUKTION PRO KOPF ($/CAP*A)

INNOE.K=TABHL(INNOET,IOK.K,0,500,25)                        111, A
INNOET=1/1/1/1.01/1.025/1.05/1.125/1.2/1.3/1.4/1.5/         111.1, T
  1.6/1.7/1.8/1.875/1.95/1.975/1.99/2/2/2
    INNOE   - INDIKATORNUTZEN-NUTZUNGS-EIGENSCHAFTEN-
              ERDOEL
    INNOET  - INDIKATORNUTZEN-NUTZUNGS-EIGENSCHAFTEN-
              ERDOEL TAFEL
    IOK     - INDUSTRIEPRODUKTION PRO KOPF ($/CAP*A)

INNEG.K=TABHL(INNEGT,IOK.K,0,500,25)                        112, A
INNEGT=1/1/1/1.01/1.025/1.65/1.125/1.2/1.3/1.4/1.5/         112.1, T
  1.6/1.7/1.8/1.875/1.95/1.975/1.99/2/2/2
    INNEG   - INDIKATORNUTZEN-NUTZUNGS-EIGENSCHAFTEN-
              ERDGAS
    INNEGT  - INDIKATORNUTZEN-NUTZUNGS-EIGENSCHAFTEN-
              ERDGAS TAFEL
    IOK     - INDUSTRIEPRODUKTION PRO KOPF ($/CAP*A)
```

ENERGIEMODELL   4/23/76

```
INNKE.K=(CLIP(0,INNKE1.K,SWT11,TIME.K))*NTF.K            113, A
    INNKE   - INDIKATORNUTZEN-NUTZUNGS-EIGENSCHAFTEN-
              KERNENERGIE
    INNKE1  - INDIKATORNUTZEN-NUTZUNGS-EIGENSCHAFTEN-
              KERNENERGIE 1
    SWT11   - SWITCH-TIME 11
    NTF     - NUTZUNGS-EIGENSCHAFTEN-FAKTOR (1)

INNKE1.K=TABHL(INNKET,IOK.K,0,500,25)                    114, A
INNKET=1/1/1/1.01/1.025/1.05/1.125/1.2/1.3/1.4/1.5/     114.1, T
  1.6/1.7/1.8/1.875/1.95/1.975/1.99/2/2/2
    INNKE1  - INDIKATORNUTZEN-NUTZUNGS-EIGENSCHAFTEN-
              KERNENERGIE 1
    INNKET  - INDIKATORNUTZEN-NUTZUNGS-EIGENSCHAFTEN-
              KERNENERGIE TAFEL
    IOK     - INDUSTRIEPRODUKTION PRO KOPF ($/CAP*A)

NTF.K=CLIP(NTF1,NTF2,SWT12,TIME.K)                       115, A
NTF1=.6                                                  115.1, C
NTF2=1                                                   115.2, C
SWT12=2200                                               115.3, C
    NTF     - NUTZUNGS-EIGENSCHAFTEN-FAKTOR (1)
    NTF1    - NUTZUNGS-EIGENSCHAFTEN-FAKTOR 1
    NTF2    - NUTZUNGS-EIGENSCHAFTEN-FAKTOR 2
    SWT12   - SWITCH-TIME 12

INNRG.K=TABHL(INNRGT,IOK.K,0,500,25)                     116, A
INNRGT=1/1/1/1.01/1.025/1.05/1.125/1.2/1.3/1.4/1.5/     116.1, T
  1.6/1.7/1.8/1.875/1.95/1.975/1.99/2/2/2
    INNRG   - INDIKATORNUTZEN-NUTZUNGS-EIGENSCHAFTEN-
              REGENERATIVE ET
    INNRGT  - INDIKATORNUTZEN-NUTZUNGS-EIGENSCHAFTEN-
              REGENERATIVE ET TAFEL
    IOK     - INDUSTRIEPRODUKTION PRO KOPF ($/CAP*A)

KOVRV.K=PPLNDL(KOVR.JK,VZ)                               117, A
    KOVRV   - KOHLEVERBRAUCHSRATE VERGANGENHEIT
    KOVR    - KOHLEVERBRAUCHSRATE (T SKE/A)
    VZ      - VERZOEGERUNGSZEIT (A)

OEVRV.K=PPLNDL(OEVR.JK,VZ)                               118, A
    OEVRV   - ERDOELVERBRAUCHSRATE VERGANGENHEIT (TSKE/A)
    OEVR    - ERDOELVERBRAUCHSRATE (TSKE/A)
    VZ      - VERZOEGERUNGSZEIT (A)

EGVRV.K=PPLNDL(EGVR.JK,VZ)                               119, A
    EGVRV   - ERDGASVERBRAUCHSRATE VERGANGENHEIT
    EGVR    - ERDGASVERBRAUCHSRATE (TSKE/A)
    VZ      - VERZOEGERUNGSZEIT (A)

KEVRV.K=PPLNDL(KEVR.JK,VZ)                               120, A
VZ=1                                                     120.1, C
    KEVRV   - ENERGIEERZEUGUNG DURCH KERNENERGIE
              VERGANGENHEIT
    KEVR    - ENERGIEERZEUGUNG DURCH KERNENERGIE (T SKE/
              A)
    VZ      - VERZOEGERUNGSZEIT (A)
```

PAGE 19   ENERGIEMODELL   4/23/76

```
DKOVR.K=SMOOTH(KOVR.JK,DSZV)                              121, A
    DKOVR  - DURCHSCHNITTLICHER KOHLEVERBRAUCH (TSKE/A)
    KOVR   - KOHLEVERBRAUCHSRATE (T SKE/A)
    DSZV   - DURCHSCHNITTSZEIT (A)

DOEVR.K=SMOOTH(OEVR.JK,DSZV)                              122, A
    DOEVR  - DURCHSCHNITTLICHER ERDOELVERBRAUCH (TSKE/A)
    OEVR   - ERDOELVERBRAUCHSRATE (TSKE/A)
    DSZV   - DURCHSCHNITTSZEIT (A)

DEGVR.K=SMOOTH(EGVR.JK,DSZV)                              123, A
    DEGVR  - DURCHSCHNITTLICHER ERDGASVERBRAUCH (TSKE/A)
    EGVR   - ERDGASVERBRAUCHSRATE (TSKE/A)
    DSZV   - DURCHSCHNITTSZEIT (A)

DKEVR.K=SMOOTH(KEVR.JK,DSZV)                              124, A
    DKEVR  - DURCHSCHNITTLICHE ENERGIEERZEUGUNG MIT
             KERNENERGIE (TSKE/A)
    KEVR   - ENERGIEERZEUGUNG DURCH KERNENERGIE (T SKE/
             A)
    DSZV   - DURCHSCHNITTSZEIT (A)

DKOVRV.K=VERZ(KOVRV.K,DSZV,DKOVRVA)                       125, A
DKOVRVA=.99*KOVR                                          125.1, N
    DKOVRV - DURCHSCHNITTLICHER KOHLEVERBRAUCH
             VERGANGENHEIT (TSKE/A)
    VERZ   - MACRO VERZOEGERUNG 1. ORDNUNG
    KOVRV  - KOHLEVERBRAUCHSRATE VERGANGENHEIT
    DSZV   - DURCHSCHNITTSZEIT (A)
    DKOVRVA- DURCHSCHNITTLICHER KOHLEVERBRAUCH VERG.
             ANFANG
    KOVR   - KOHLEVERBRAUCHSRATE (T SKE/A)

DOEVRV.K=VERZ(OEVRV.K,DSZV,DOEVRVA)                       126, A
DOEVRVA=.95*OEVR                                          126.1, N
    DOEVRV - DURCHSCHNITTLICHER ERDOELVERBRAUCH
             VERGANGENHEIT (TSKE/A)
    VERZ   - MACRO VERZOEGERUNG 1. ORDNUNG
    OEVRV  - ERDOELVERBRAUCHSRATE VERGANGENHEIT (TSKE/A)
    DSZV   - DURCHSCHNITTSZEIT (A)
    DOEVRVA- DURCHSCHNITTLICHER ERDOELVERBRAUCH VERG.
             ANFANG
    OEVR   - ERDOELVERBRAUCHSRATE (TSKE/A)

DEGVRV.K=VERZ(EGVRV.K,DSZV,DEGVRVA)                       127, A
DEGVRVA=.95*EGVR                                          127.1, N
    DEGVRV - DURCHSCHNITTLICHER ERDGASVERBRAUCH
             VERGANGENHEIT (TSKE/A)
    VERZ   - MACRO VERZOEGERUNG 1. ORDNUNG
    EGVRV  - ERDGASVERBRAUCHSRATE VERGANGENHEIT
    DSZV   - DURCHSCHNITTSZEIT (A)
    DEGVRVA- DURCHSCHNITTLICHER ERDGASVERBRAUCH
             VERGANGENHEIT ANFANG
    EGVR   - ERDGASVERBRAUCHSRATE (TSKE/A)
```

PAGE 20   ENERGIEMODELL   4/23/76

```
DKEVRV.K=VERZ(KEVRV.K,DSZV,DKEVRVA)                   128, A
DKEVRVA=71E6                                          128.1, N
DSZV=5                                                128.2, C
    DKEVRV  - DURCHSCHNITTLICHE ENERGIEERZEUGUNG MIT
              KERNENERGIE VERGANGENHEIT
    VERZ    - MACRO VERZOEGERUNG 1. ORDNUNG
    KEVRV   - ENERGIEERZEUGUNG DURCH KERNENERGIE
              VERGANGENHEIT
    DSZV    - DURCHSCHNITTSZEIT (A)
    DKEVRVA - DURCHSCHNITTLICHE ENERGIEERZEUGUNG MIT
              KERNENERGIE VERG. ANFANG

WKOV.K=((DKOVR.K-DKOVRV.K)/DKOVRV.K)+1                129, A
    WKOV    - WACHSTUM KOHLEVERBRAUCH (1)
    DKOVR   - DURCHSCHNITTLICHER KOHLEVERBRAUCH (TSKE/A)
    DKOVRV  - DURCHSCHNITTLICHER KOHLEVERBRAUCH
              VERGANGENHEIT (TSKE/A)

WOEV.K=((DOEVR.K-DOEVRV.K)/DOEVRV.K)+1                130, A
    WOEV    - WACHSTUM ERDOELVERBRAUCH (1)
    DOEVR   - DURCHSCHNITTLICHER ERDOELVERBRAUCH (TSKE/A)
    DOEVRV  - DURCHSCHNITTLICHER ERDOELVERBRAUCH
              VERGANGENHEIT (TSKE/A)

WEGV.K=((DEGVR.K-DEGVRV.K)/DEGVRV.K)+1                131, A
    WEGV    - WACHSTUM ERDGASVERBRAUCH (1)
    DEGVR   - DURCHSCHNITTLICHER ERDGASVERBRAUCH (TSKE/A)
    DEGVRV  - DURCHSCHNITTLICHER ERDGASVERBRAUCH
              VERGANGENHEIT (TSKE/A)

WKEV.K=((DKEVR.K-DKEVRV.K)/DKEVRV.K)+1                132, A
    WKEV    - WACHSTUM KERNENERGIE (1)
    DKEVR   - DURCHSCHNITTLICHE ENERGIEERZEUGUNG MIT
              KERNENERGIE (TSKE/A)
    DKEVRV  - DURCHSCHNITTLICHE ENERGIEERZEUGUNG MIT
              KERNENERGIE VERGANGENHEIT

WKOVM.K=TABHL(WMT,WKOV.K,.9,1.2,.025)                 133, A
    WKOVM   - WACHSTUM KOHLEVERBRAUCH MULTIPLIKATOR (1)
    WMT     - WACHSTUM-MULTIPLIKATOR TAFEL
    WKOV    - WACHSTUM KOHLEVERBRAUCH (1)

WOEVM.K=TABHL(WMT,WOEV.K,.9,1.2,.025)                 134, A
    WOEVM   - WACHSTUM ERDOELVERBRAUCH MULTIPLIKATOR (1)
    WMT     - WACHSTUM-MULTIPLIKATOR TAFEL
    WOEV    - WACHSTUM ERDOELVERBRAUCH (1)

WEGVM.K=TABHL(WMT,WEGV.K,.9,1.2,.025)                 135, A
    WEGVM   - WACHSTUM ERDGASVERBRAUCH MULTIPLIKATOR (1)
    WMT     - WACHSTUM-MULTIPLIKATOR TAFEL
    WEGV    - WACHSTUM ERDGASVERBRAUCH (1)

WKEVM.K=TABHL(WMT,WKEV.K,.9,1.2,.025)                 136, A
WMT=.4/.6/.8/.9/1/1.1/1.2/1.65/2.7/2.9/3.1/3.3/3.5    136.1, T
    WKEVM   - WACHSTUM KERNENERGIE MULTIPLIKATOR (1)
    WMT     - WACHSTUM-MULTIPLIKATOR TAFEL
    WKEV    - WACHSTUM KERNENERGIE (1)
```

PAGE 21   ENERGIEMODELL   4/23/76

```
VAKOM.K=TABHL(VAMT,RKOVA.K,0,.5,.05)                    137, A
    VAKOM  - VERBRAUCHSANTEIL KOHLE MULTIPLIKATOR (1)
    VAMT   - VERBRAUCHSANTEIL-MULTIPLIKATOR TAFEL
    RKOVA  - RELATIVER KOHLEVERBRAUCHS-ANTEIL (1)

VAOEM.K=TABHL(VAMT,ROEVA.K,0,.5,.05)                    138, A
    VAOEM  - VERBRAUCHSANTEIL ERDOEL MULTIPLIKATOR (1)
    VAMT   - VERBRAUCHSANTEIL-MULTIPLIKATOR TAFEL
    ROEVA  - RELATIVER ERDOELVERBRAUCHS-ANTEIL (1)

VAEGM.K=TABHL(VAMT,REGVA.K,0,.5,.05)                    139, A
    VAEGM  - VERBRAUCHSANTEIL ERDGAS MULTIPLIKATOR (1)
    VAMT   - VERBRAUCHSANTEIL-MULTIPLIKATOR TAFEL
    REGVA  - RELATIVER ERDGASVERBRAUCHS-ANTEIL (1)

VAKEM.K=TABHL(VAMT,RKEVA.K,0,.5,.05)                    140, A
VAMT=1/1.08/1.16/1.25/1.5/1.75/1.84/1.92/2/2/2         140.1, T
    VAKEM  - VERBRAUCHSANTEIL KERNENERGIE MULTIPLIKATOR
             (1)
    VAMT   - VERBRAUCHSANTEIL-MULTIPLIKATOR TAFEL
    RKEVA  - RELATIVER KERNENERGIE-VERBRAUCHSANTEIL (1)

KORM.K=TABLE(ERMT,WERKO.K/WERKOA,0,1,.1)                141, A
    KORM   - KOHLERESERVEN-MULTIPLIKATOR (1)
    ERMT   - ENERGIERESERVEN-MULTIPLIKATOR-TAFEL
    WERKO  - WAHRSCHEINLICHE KOHLERESERVEN (TSKE)
    WERKOA - WAHRSCHEINLICHE KOHLERESERVEN ANFANG (TSKE)

OERM.K=TABLE(ERMT,WEROE.K/WEROEA,0,1,.1)                142, A
    OERM   - ERDOELRESERVEN-MULTIPLIKATOR (1)
    ERMT   - ENERGIERESERVEN-MULTIPLIKATOR-TAFEL
    WEROE  - WAHRSCHEINLICHE ERDOELRESERVEN (TSKE)
    WEROEA - WAHRSCHEINLICHE ERDOELRESERVEN ANFANG
             (TSKE)

EGRM.K=TABLE(ERMT,WEREG.K/WEREGA,0,1,.1)                143, A
    EGRM   - ERDGASRESERVEN MULTIPLIKATOR (1)
    ERMT   - ENERGIERESERVEN-MULTIPLIKATOR-TAFEL
    WEREG  - WAHRSCHEINLICHE ERDGASRESERVEN (TSKE)
    WEREGA - WAHRSCHEINLICHE ERDGASRESERVEN ANFANG
             (TSKE)

KERM.K=TABLE(ERMT,WERKE.K/WERKEA,0,1,.1)                144, A
ERMT=0/.5/.75/.9/1/1/1/1/1/1/1                         144.1, T
    KERM   - KERNENERGIERESERVEN -MULTIPLIKATOR (1)
    ERMT   - ENERGIERESERVEN-MULTIPLIKATOR-TAFEL
    WERKE  - WAHRSCHEINLICHE KERNBRENNSTOFF-RESERVEN (T
             KEBRST)
    WERKEA - WAHRSCHEINLICHE KERNBRENNSTOFF-RESERVEN
             ANFANG (T KEBRST)

NZMKO.K=TABHL(NZMT,NZIKOG/NZIKO.K,0,2.5,.25)            145, A
    NZMKO  - NUTZUNGSZEIT-MULTIPLIKATOR-KOHLE (1)
    NZMT   - NUTZUNGSZEIT-MULTIPLIKATOR-TAFEL
    NZIKOG - NUTZUNGSZEITINDEX-KOHLE GEWUENSCHT (A)
    NZIKO  - NUTZUNGSZEITINDEX-KOHLE (A)
```

ENERGIEMODELL   4/23/76

```
NZMOE.K=TABHL(NZMT,NZIOEG/NZIOE.K,0,2.5,.25)         146, A
    NZMOE  - NUTZUNGSZEIT-MULTIPLIKATOR-ERDOEL (1)
    NZMT   - NUTZUNGSZEIT-MULTIPLIKATOR-TAFEL
    NZIOEG - NUTZUNGSZEITINDEX-ERDOEL GEWUENSCHT (A)
    NZIOE  - NUTZUNGSZEITINDEX-ERDOEL (A)

NZMEG.K=TABHL(NZMT,NZIEGG/NZIEG.K,0,2.5,.25)         147, A
    NZMEG  - NUTZUNGSZEIT-MULTIPLIKATOR- ERDGAS (1)
    NZMT   - NUTZUNGSZEIT-MULTIPLIKATOR-TAFEL
    NZIEGG - NUTZUNGSZEITINDEX-ERDGAS GEWUENSCHT (A)
    NZIEG  - NUTZUNGSZEITINDEX-ERDGAS (A)

NZMKE.K=TABHL(NZMT,NZIKEG/NZIKE.K,0,2.5,.25)         148, A
NZMT=0/.15/.3/.5/1./1.5/1.7/1.85/2/2/2               148.1, T
    NZMKE  - NUTZUNGSZEIT-MULTIPLIKATOR- KERNENERGIE (1)
    NZMT   - NUTZUNGSZEIT-MULTIPLIKATOR-TAFEL
    NZIKEG - NUTZUNGSZEITINDEX-KERNENERGIE GEWUENSCHT
              (A)
    NZIKE  - NUTZUNGSZEITINDEX-KERNENERGIE (A)

EXPKOH.K=KOVR.JK*WKOVM.K*VAKOM.K*NZMKO.K             149, A
    EXPKOH - EXPLORATIONSAUFWAND KOHLE
    KOVR   - KOHLEVERBRAUCHSRATE (T SKE/A)
    WKOVM  - WACHSTUM KOHLEVERBRAUCH MULTIPLIKATOR (1)
    VAKOM  - VERBRAUCHSANTEIL KOHLE MULTIPLIKATOR (1)
    NZMKO  - NUTZUNGSZEIT-MULTIPLIKATOR-KOHLE (1)

EXPOEH.K=OEVR.JK*WOEVM.K*VAOEM.K*NZMOE.K             150, A
    EXPOEH - EXPLORATIONSAUFWAND ERDOEL
    OEVR   - ERDOELVERBRAUCHSRATE (TSKE/A)
    WOEVM  - WACHSTUM ERDOELVERBRAUCH MULTIPLIKATOR (1)
    VAOEM  - VERBRAUCHSANTEIL ERDOEL MULTIPLIKATOR (1)
    NZMOE  - NUTZUNGSZEIT-MULTIPLIKATOR-ERDOEL (1)

EXPEGH.K=EGVR.JK*WEGVM.K*VAEGM.K*NZMEG.K             151, A
    EXPEGH - EXPLORATIONSAUFWAND ERDGAS
    EGVR   - ERDGASVERBRAUCHSRATE (TSKE/A)
    WEGVM  - WACHSTUM ERDGASVERBRAUCH MULTIPLIKATOR (1)
    VAEGM  - VERBRAUCHSANTEIL ERDGAS MULTIPLIKATOR (1)
    NZMEG  - NUTZUNGSZEIT-MULTIPLIKATOR- ERDGAS (1)

EXPKEH.K=(CLIP((KEBRV.K+KEBRIVB.K),KEBRV.K,          152, A
  KEBRIVB.K,0))*WKEVM.K*VAKEM.K*NZMKE.K
    EXPKEH  - EXPLORATIONSAUFWAND KERNENERGIE
    KEBRV   - KERNBRENNSTOFF-VERBRAUCHSRATE (T KEBRST/A)
    KEBRIVB - KERNBRENNSTOFF-INVENTARBEDARF (T KEBRST)/A)
    WKEVM   - WACHSTUM KERNENERGIE MULTIPLIKATOR (1)
    VAKEM   - VERBRAUCHSANTEIL KERNENERGIE MULTIPLIKATOR
               (1)
    NZMKE   - NUTZUNGSZEIT-MULTIPLIKATOR- KERNENERGIE (1)
```

ENERGIEMODELL   4/23/76

```
EXPLKO.KL=(VERZ3(EXPKOH.K,EZ,EXPLKOA))*KORM.K          153, R
EXPLKOA=8C0E6                                          153.1, C
    EXPLKO  - EXPLORATIONSRATE KOHLE (TSKE/A)
    VERZ3   - MACRO VERZOEGERUNG 3. ORDNUNG
    EXPKOH  - EXPLORATIONSAUFWAND KOHLE
    EZ      - DURCHSCHN. EXPLORATIONSZEIT (A)
    EXPLKOA - EXPLORATIONSRATE KOHLE ANFANG
    KORM    - KOHLERESERVEN-MULTIPLIKATOR (1)

EXPLOE.KL=(VERZ3(EXPOEH.K,EZ,EXPLOEA))*OERM.K          154, R
EXPLOEA=80E6                                           154.1, C
    EXPLOE  - EXPLORATIONSRATE ERDOEL (TSKE/A)
    VERZ3   - MACRO VERZOEGERUNG 3. ORDNUNG
    EXPOEH  - EXPLORATIONSAUFWAND ERDOEL
    EZ      - DURCHSCHN. EXPLORATIONSZEIT (A)
    EXPLOEA - EXPLORATIONSRATE ERDOEL ANFANG
    OERM    - ERDOELRESERVEN-MULTIPLIKATOR (1)

EXPLEG.KL=(VERZ3(EXPEGH.K,EZ,EXPLEGA))*EGRM.K          155, R
EXPLEGA=16E6                                           155.1, C
    EXPLEG  - EXPLORATIONSRATE ERDGAS (TSKE/A)
    VERZ3   - MACRO VERZOEGERUNG 3. ORDNUNG
    EXPEGH  - EXPLORATIONSAUFWAND ERDGAS
    EZ      - DURCHSCHN. EXPLORATIONSZEIT (A)
    EXPLEGA - EXPLORATIONSRATE ERDGAS ANFANG
    EGRM    - ERDGASRESERVEN MULTIPLIKATOR (1)

EXPLKE.KL=(VERZ3(EXPKEH.K,EZ,EXPLKEA))*KERM.K          156, R
EXPLKEA=.5E3                                           156.1, C
EZ=7                                                   156.2, C
    EXPLKE  - EXPLORATIONSRATE KERNENERGIE (T KEBRST)
    VERZ3   - MACRO VERZOEGERUNG 3. ORDNUNG
    EXPKEH  - EXPLORATIONSAUFWAND KERNENERGIE
    EZ      - DURCHSCHN. EXPLORATIONSZEIT (A)
    EXPLKEA - EXPLORATIONSRATE KERNENERGIE ANFANG
    KERM    - KERNENERGIERESERVEN -MULTIPLIKATOR (1)

INVKO.K=TABHL(INVT,NZIKO.K,0,50,5)                     157, A
    INVKO   - INDIKATORNUTZEN-VERFUEGBARKEIT-KOHLE
    INVT    - INVESTITIONSRATE TAFEL
    NZIKO   - NUTZUNGSZEITINDEX-KOHLE (A)

INVOE.K=TABHL(INVT,NZIOE.K,0,50,5)                     158, A
    INVOE   - INDIKATORNUTZEN-VERFUEGBARKEIT-ERDOEL
    INVT    - INVESTITIONSRATE TAFEL
    NZIOE   - NUTZUNGSZEITINDEX-ERDOEL (A)

INVEG.K=TABHL(INVT,NZIEG.K,0,50,5)                     159, A
    INVEG   - INDIKATORNUTZEN-VERFUEGBARKEIT-ERDGAS
    INVT    - INVESTITIONSRATE TAFEL
    NZIEG   - NUTZUNGSZEITINDEX-ERDGAS (A)

INVKE.K=CLIP(0,INVKE1.K,SWT11,TIME.K)                  160, A
    INVKE   - INDIKATORNUTZEN-VERFUEGBARKEIT-KERNENERGIE
    INVKE1  - INDIKATORNUTZEN-VERFUEGBARKEIT-KERNENERGIE1
    SWT11   - SWITCH-TIME 11
```

ENERGIEMODELL   4/23/76

```
INVKE1.K=TABHL(INVT,NZIKE.K,0,50,5)                    161, A
INVT=0/.05/.08/.15/.3/.43/.65/.9/.93/.96/1             161.1, T
    INVKE1  - INDIKATORNUTZEN-VERFUEGBARKEIT-KERNENERGIE1
    INVT    - INVESTITIONSRATE TAFEL
    NZIKE   - NUTZUNGSZEITINDEX-KERNENERGIE (A)

GN.K=(INEKKO.K*INVKO.K*INNKO.K)+(INEKOE.K*INVOE.K*     162, A
  INNOE.K)+(INEKEG.K*INVEG.K*INNEG.K)+(INEKKE.K*
  INVKE.K*INNKE.K)+(INEKRG.K*INVRG.K)
    GN      - GESAMTNUTZEN ALLER ENERGIETRAEGER
    INEKKO  - INDIKATORNUTZEN-ENERGIEKOSTEN-KOHLE
    INVKO   - INDIKATORNUTZEN-VERFUEGBARKEIT-KOHLE
    INNKO   - INDIKATORNUTZEN-NUTZUNGS-EIGENSCHAFTEN-
              KOHLE
    INEKOE  - INDIKATORNUTZEN-ENERGIEKOSTEN-ERDOEL
    INVOE   - INDIKATORNUTZEN-VERFUEGBARKEIT-ERDOEL
    INNOE   - INDIKATORNUTZEN-NUTZUNGS-EIGENSCHAFTEN-
              ERDOEL
    INEKEG  - INDIKATORNUTZEN-ENERGIEKOSTEN-ERDGAS
    INVEG   - INDIKATORNUTZEN-VERFUEGBARKEIT-ERDGAS
    INNEG   - INDIKATORNUTZEN-NUTZUNGS-EIGENSCHAFTEN-
              ERDGAS
    INEKKE  - INDIKATORNUTZEN-ENERGIEKOSTEN-KERNENERGIE
    INVKE   - INDIKATORNUTZEN-VERFUEGBARKEIT-KERNENERGIE
    INNKE   - INDIKATORNUTZEN-NUTZUNGS-EIGENSCHAFTEN-
              KERNENERGIE
    INEKRG  - INDIKATORNUTZEN-ENERGIEKOSTEN-REGENERATIVE
              ET
    INNRG   - INDIKATORNUTZEN-NUTZUNGS-EIGENSCHAFTEN-
              REGENERATIVE ET

RGNKO.K=(INVKO.K*INEKKO.K*INNKO.K)/GN.K                163, A
    RGNKO   - RELATIVER GESAMTNUTZEN KOHLE
    INVKO   - INDIKATORNUTZEN-VERFUEGBARKEIT-KOHLE
    INEKKO  - INDIKATORNUTZEN-ENERGIEKOSTEN-KOHLE
    INNKO   - INDIKATORNUTZEN-NUTZUNGS-EIGENSCHAFTEN-
              KOHLE
    GN      - GESAMTNUTZEN ALLER ENERGIETRAEGER

RGNOE.K=(INVOE.K*INEKOE.K*INNOE.K)/GN.K                164, A
    RGNOE   - RELATIVER GESAMTNUTZEN ERDOEL
    INVOE   - INDIKATORNUTZEN-VERFUEGBARKEIT-ERDOEL
    INEKOE  - INDIKATORNUTZEN-ENERGIEKOSTEN-ERDOEL
    INNOE   - INDIKATORNUTZEN-NUTZUNGS-EIGENSCHAFTEN-
              ERDOEL
    GN      - GESAMTNUTZEN ALLER ENERGIETRAEGER

RGNEG.K=(INVEG.K*INEKEG.K*INNEG.K)/GN.K                165, A
    RGNEG   - RELATIVER GESAMTNUTZEN ERDGAS
    INVEG   - INDIKATORNUTZEN-VERFUEGBARKEIT-ERDGAS
    INEKEG  - INDIKATORNUTZEN-ENERGIEKOSTEN-ERDGAS
    INNEG   - INDIKATORNUTZEN-NUTZUNGS-EIGENSCHAFTEN-
              ERDGAS
    GN      - GESAMTNUTZEN ALLER ENERGIETRAEGER
```

PAGE 25   ENERGIEMODELL   4/23/76

```
RGNKE.K=CLIP(.01,((INVKE.K*INEKKE.K*INNKE.K)/GN.K), 166, A
   SWT11,TIME.K)
    RGNKE   - RELATIVER GESAMTNUTZEN KERNENERGIE
    INVKE   - INDIKATORNUTZEN-VERFUEGBARKEIT-KERNENERGIE
    INEKKE  - INDIKATORNUTZEN-ENERGIEKOSTEN-KERNENERGIE
    INNKE   - INDIKATORNUTZEN-NUTZUNGS-EIGENSCHAFTEN-
              KERNENERGIE
    GN      - GESAMTNUTZEN ALLER ENERGIETRAEGER
    SWT11   - SWITCH-TIME 11

RGNRG.K=CLIP(0.0,((INEKRG.K*INNRG.K)/GN.K),SWT13,  167, A
   TIME.K)
SZ=20                                              167.2, C
    RGNRG   - RELATIVER GESAMTNUTZEN REGENERATIVE ET
    INEKRG  - INDIKATORNUTZEN-ENERGIEKOSTEN-REGENERATIVE
              ET
    INNRG   - INDIKATORNUTZEN-NUTZUNGS-EIGENSCHAFTEN-
              REGENERATIVE ET
    GN      - GESAMTNUTZEN ALLER ENERGIETRAEGER
    SZ      - SUBSTITUTIONSZEIT

KOVA.K=VERZ(RGNKO.K,SZ,KOVAA)                      168, A
KOVAA=.955                                         168.1, C
    KOVA    - KOHLEVERBRAUCHS-ANTEIL (1)
    VERZ    - MACRO VERZOEGERUNG 1. ORDNUNG
    RGNKO   - RELATIVER GESAMTNUTZEN KOHLE
    SZ      - SUBSTITUTIONSZEIT
    KOVAA   - KOHLEVERBRAUCHS-ANTEIL ANFANG

OEVA.K=VERZ(RGNOE.K,SZ,OEVAA)                      169, A
OEVAA=.038                                         169.1, C
    OEVA    - ERDOEL-VERBRAUCHSANTEIL (1)
    VERZ    - MACRO VERZOEGERUNG 1. ORDNUNG
    RGNOE   - RELATIVER GESAMTNUTZEN ERDOEL
    SZ      - SUBSTITUTIONSZEIT
    OEVAA   - ERDOEL-VERBRAUCHSANTEIL ANFANG

EGVA.K=VERZ(RGNEG.K,SZ,EGVAA)                      170, A
EGVAA=.007                                         170.1, C
    EGVA    - ERDGAS-VERBRAUCHSANTEIL (1)
    VERZ    - MACRO VERZOEGERUNG 1. ORDNUNG
    RGNEG   - RELATIVER GESAMTNUTZEN ERDGAS
    SZ      - SUBSTITUTIONSZEIT
    EGVAA   - ERDGAS-VERBRAUCHSANTEIL-ANFANG

KEVA.K=CLIP(.01,(VERZ(RGNKE.K,SZ,KEVAA)),SWT11,    171, A
   TIME.K)
KEVAA=.01                                          171.1, C
    KEVA    - KERNENERGIE-VERBRAUCHSANTEIL (1)
    VERZ    - MACRO VERZOEGERUNG 1. ORDNUNG
    RGNKE   - RELATIVER GESAMTNUTZEN KERNENERGIE
    SZ      - SUBSTITUTIONSZEIT
    KEVAA   - KERNENERGIE-VERBRAUCHSANTEIL ANFANG
    SWT11   - SWITCH-TIME 11
```

ENERGIEMODELL   4/23/76

```
RGVA.K=CLIP(0.0,(VERZ(RGNRG.K,SZ,RGVAA)),SWT13,      172, A
   TIME.K)
RGVAA=0.0                                            172.1, C
   RGVA    - REGENERATIVE ET-VERBRAUCHSANTEIL (1)
   VERZ    - MACRO VERZOEGERUNG 1. ORDNUNG
   RGNRG   - RELATIVER GESAMTNUTZEN REGENERATIVE ET
   SZ      - SUBSTITUTIONSZEIT
   RGVAA   - REGENERATIVE ET-VERBRAUCHSANTEIL -ANFANG

GA.K=KOVA.K*KOREF.K+OEVA.K*OEREF.K+EGVA.K*EGREF.K+   173, A
   CLIP(0,(KEVA.K*KEREF.K),SWT11,TIME.K)+RGVA.K
   GA      - HILFSGROESSE
   KOVA    - KOHLEVERBRAUCHS-ANTEIL (1)
   KOREF   - KOHLERESERVENFAKTOR (1)
   OEVA    - ERDOEL-VERBRAUCHSANTEIL (1)
   OEREF   - ERDOELRESERVENFAKTOR (1)
   EGVA    - ERDGAS-VERBRAUCHSANTEIL (1)
   EGREF   - ERDGASRESERVEFAKTOR (1)
   KEVA    - KERNENERGIE-VERBRAUCHSANTEIL (1)
   KEREF   - KERNENERGIE-RESERVEFAKTOR (1)
   SWT11   - SWITCH-TIME 11
   RGVA    - REGENERATIVE ET-VERBRAUCHSANTEIL (1)

KOREF.K=TABLE(REFT,KORVA.K,0,1,.1)                   174, A
   KOREF   - KOHLERESERVENFAKTOR (1)
   REFT    - RESERVENFAKTOR-TAFEL
   KORVA   - KOHLERESERVEN-VERBLEIBANTEIL (1)

OEREF.K=TABLE(REFT,OERVA.K,0,1,.1)                   175, A
   OEREF   - ERDOELRESERVENFAKTOR (1)
   REFT    - RESERVENFAKTOR-TAFEL
   OERVA   - ERDOELRESERVEN-VERBLEIBANTEIL (1)

EGREF.K=TABLE(REFT,EGRVA.K,0,1,.1)                   176, A
   EGREF   - ERDGASRESERVEFAKTOR (1)
   REFT    - RESERVENFAKTOR-TAFEL
   EGRVA   - ERDGASRESERVEN-VERBLEIBANTEIL (1)

KEREF.K=TABLE(REFT,KERVA.K,0,1,.1)                   177, A
REFT=0/1/1/1/1/1/1/1/1/1/1                           177.1, T
   KEREF   - KERNENERGIE-RESERVEFAKTOR (1)
   REFT    - RESERVENFAKTOR-TAFEL
   KERVA   - KERNENERGIERESERVEN-VERBLEIBANTEIL (1)

RKOA.K=(KOVA.K*KOREF.K)/GA.K                         178, A
   RKOA    - RELATIVER KOHLEANTEIL (1)
   KOVA    - KOHLEVERBRAUCHS-ANTEIL (1)
   KOREF   - KOHLERESERVENFAKTOR (1)
   GA      - HILFSGROESSE

ROEA.K=(OEVA.K*OEREF.K)/GA.K                         179, A
   ROEA    - RELATIVER ERDOELANTEIL (1)
   OEVA    - ERDOEL-VERBRAUCHSANTEIL (1)
   OEREF   - ERDOELRESERVENFAKTOR (1)
   GA      - HILFSGROESSE
```

ENERGIEMODELL   4/23/76

```
REGA.K=(EGVA.K*EGREF.K)/GA.K                              180, A
    REGA    - RELATIVER ERDGASANTEIL (1)
    EGVA    - ERDGAS-VERBRAUCHSANTEIL (1)
    EGREF   - ERDGASRESERVEFAKTOR (1)
    GA      - HILFSGROESSE
RKEA.K=CLIP(.01,(KEVA.K*KEREF.K/GA.K),SWT11,TIME.K) 181, A
    RKEA    - RELATIVER KERNENERGIEANTEIL (1)
    KEVA    - KERNENERGIE-VERBRAUCHSANTEIL (1)
    KEREF   - KERNENERGIE-RESERVEFAKTOR (1)
    GA      - HILFSGROESSE
    SWT11   - SWITCH-TIME 11

RRGA.K=RGVA.K/GA.K                                        182, A
    RRGA    - RELATIVER REGENERATIVER ET-ANTEIL (1)
    RGVA    - REGENERATIVE ET-VERBRAUCHSANTEIL (1)
    GA      - HILFSGROESSE

RKOVA.K=CLIP(RKOA.K,0,RKOA.K,.001)                        183, A
    RKOVA   - RELATIVER KOHLEVERBRAUCHS-ANTEIL (1)
    RKOA    - RELATIVER KOHLEANTEIL (1)

ROEVA.K=CLIP(ROEA.K,0,ROEA.K,.001)                        184, A
    ROEVA   - RELATIVER ERDOELVERBRAUCHS-ANTEIL (1)
    ROEA    - RELATIVER ERDOELANTEIL (1)

REGVA.K=CLIP(REGA.K,0,REGA.K,.001)                        185, A
    REGVA   - RELATIVER ERDGASVERBRAUCHS-ANTEIL (1)
    REGA    - RELATIVER ERDGASANTEIL (1)

RKEVA.K=CLIP(RKEA.K,0,RKEA.K,.001)                        186, A
    RKEVA   - RELATIVER KERNENERGIE-VERBRAUCHSANTEIL (1)
    RKEA    - RELATIVER KERNENERGIEANTEIL (1)

RRGVA.K=CLIP(RRGA.K,0,RRGA.K,.001)                        187, A
    RRGVA   - RELATIVER REGENERATIVER ET-VERBRAUCHSANTEIL
              (1)
    RRGA    - RELATIVER REGENERATIVER ET-ANTEIL (1)

KOVR.KL=EV.K*RKOVA.K                                      188, R
    KOVR    - KOHLEVERBRAUCHSRATE (T SKE/A)
    EV      - ENERGIEVERBRAUCH (TSKE/A)
    RKOVA   - RELATIVER KOHLEVERBRAUCHS-ANTEIL (1)

OEVR.KL=EV.K*ROEVA.K                                      189, R
    OEVR    - ERDOELVERBRAUCHSRATE (TSKE/A)
    EV      - ENERGIEVERBRAUCH (TSKE/A)
    ROEVA   - RELATIVER ERDOELVERBRAUCHS-ANTEIL (1)

EGVR.KL=EV.K*REGVA.K                                      190, R
    EGVR    - ERDGASVERBRAUCHSRATE (TSKE/A)
    EV      - ENERGIEVERBRAUCH (TSKE/A)
    REGVA   - RELATIVER ERDGASVERBRAUCHS-ANTEIL (1)
```

```
PAGE 28      ENERGIEMODELL     4/23/76


KEVR.KL=CLIP(7156,EV.K*RKEVA.K,SWT11,TIME.K)              191, R
     KEVR    - ENERGIEERZEUGUNG DURCH KERNENERGIE (T SKE/
                A)
     EV      - ENERGIEVERBRAUCH (TSKE/A)
     RKEVA   - RELATIVER KERNENERGIE-VERBRAUCHSANTEIL (1)
     SWT11   - SWITCH-TIME 11

RGVR.KL=CLIP(0,EV.K*RRGVA.K,SWT13,TIME.K)                 192, R
RGVR=0.0                                                  192.1, N
SWT13=2200                                                192.2, C
     RGVR    - REGENERATIVE ET-NUTZUNGSRATE (T SKE/A)
     EV      - ENERGIEVERBRAUCH (TSKE/A)
     RRGVA   - RELATIVER REGENERATIVER ET-VERBRAUCHSANTEIL
                (1)

KEKA.K=(KEVR.JK*8.134)/AUSL                               193, A
AUSL=7000                                                 193.1, C
     KEKA    - KERNKRAFTWERKS-KAPAZITAET (T SKE/H)
     KEVR    - ENERGIEERZEUGUNG DURCH KERNENERGIE (T SKE/
                A)
     AUSL    - AUSLASTUNG (H/A)

KEBRIVV.KL=EV.K*RKEVA.K*KEBRIVF.K/AUSL                    194, R
     KEBRIVV- KERNBRENNSTOFF-INVENTAR VERGANGENHEIT
     EV      - ENERGIEVERBRAUCH (TSKE/A)
     RKEVA   - RELATIVER KERNENERGIE-VERBRAUCHSANTEIL (1)
     KEBRIVF- KERNBRENNSTOFF-INVENTARFAKTOR (T KEBRST/T
                SKE/H)
     AUSL    - AUSLASTUNG (H/A)

KEBRIV.K=EV.K*RKEVA.K*KEBRIVF.K/AUSL                      195, A
     KEBRIV  - KERNBRENNSTOFF-INVENTAR (T KEBRST)
     EV      - ENERGIEVERBRAUCH (TSKE/A)
     RKEVA   - RELATIVER KERNENERGIE-VERBRAUCHSANTEIL (1)
     KEBRIVF- KERNBRENNSTOFF-INVENTARFAKTOR (T KEBRST/T
                SKE/H)
     AUSL    - AUSLASTUNG (H/A)

KEBRIVB.K=(KEBRIV.K-KEBRIVV.JK)/DT                        196, A
     KEBRIVB- KERNBRENNSTOFF-INVENTARBEDARF (T KEBRST)/A)
     KEBRIV - KERNBRENNSTOFF-INVENTAR (T KEBRST)
     KEBRIVV- KERNBRENNSTOFF-INVENTAR VERGANGENHEIT

KEBRIVF.K=KEBRIV1*(1-AFR.K)+KEBRIV2*AFR.K                 197, A
KEBRIV1=1.3                                               197.1, C
KEBRIV2=.172                                              197.2, C
     KEBRIVF- KERNBRENNSTOFF-INVENTARFAKTOR (T KEBRST/T
                SKE/H)
     KEBRIV1- KERNBRENNSTOFF-INVENTARFAKTOR 1
     AFR     - ANTEIL FORTGESCHRITTENER REAKTOREN (1)
     KEBRIV2- KERNBRENNSTOFF-INVENTARFAKTOR 2
```

PAGE 29   ENERGIEMODELL   4/23/76

```
KEBRV.K=EV.K*RKEVA.K*KEBRVF.K                              198, A
    KEBRV   - KERNBRENNSTOFF-VERBRAUCHSRATE (T KEBRST/A)
    EV      - ENERGIEVERBRAUCH (TSKE/A)
    RKEVA   - RELATIVER KERNENERGIE-VERBRAUCHSANTEIL (1)
    KEBRVF  - KERNBRENNSTOFF-VERBRAUCHSFAKTOR (T KEBRST/T
              SKE)

KEBRVF.K=KEBRVF1*(1-AFR.K)+KEBRVF2*AFR.K                   199, A
KEBRVF1=5E-5                                               199.1, C
KEBRVF2=4E-7                                               199.2, C
    KEBRVF  - KERNBRENNSTOFF-VERBRAUCHSFAKTOR (T KEBRST/T
              SKE)
    KEBRVF1- KERNBRENNSTOFF-VERBRAUCHSFAKTOR 1
    AFR     - ANTEIL FORTGESCHRITTENER REAKTOREN (1)
    KEBRVF2- KERNBRENNSTOFF-VERBRAUCHSFAKTOR 2

AFR.K=TABHL(AFRT,TIME.K,1970,2050,5)                       200, A
AFRT=0/0/0/0/0/0/0/0/0/0/0/0/0/0/0/0/0                     200.1, T
    AFR     - ANTEIL FORTGESCHRITTENER REAKTOREN (1)
    AFRT    - ANTEIL FORTGESCHRITTENER REAKTOREN-TAFEL

KEBVR.KL=KEBRIVB.K+KEBRV.K                                 201, R
    KEBVR   - KERNBRENNSTOFFBEDARF ( OHNE INVENTARBEDARF(
              (T KEBRST/A)
    KEBRIVB- KERNBRENNSTOFF-INVENTARBEDARF (T KEBRST)/A)
    KEBRV   - KERNBRENNSTOFF-VERBRAUCHSRATE (T KEBRST/A)

KKEBUW.K=KKEBUW.J+(DT)(KEVR.JK)(KEBREEQ)                   202, L
KKEBUW=KKEBUWA                                             202.1, N
KKEBUWA=0                                                  202.2, C
KEBREEQ=.4E-6                                              202.3, C
    KKEBUW  - UMGWANDELTE KERNBRENNSTOFFMENGE (T KEBRST)
    KEVR    - ENERGIEERZEUGUNG DURCH KERNENERGIE (T SKE/
              A)
    KEBREEQ- KERNBRENNSTOFF-ENERGIE-AEQUIVALENT (T
              KEBRST/T SKE)
    KKEBUWA- UMGWANDELTE KERNBRENNSTOFFMENGE ANFANG

KKEBV.K=KKEBV.J+(DT)(KEBRV.J)                              203, L
KKEBV=KKEBVA                                               203.1, N
KKEBVA=0                                                   203.2, C
    KKEBV   - KUMULIERTER KERNBRENNSTOFF-VERBRAUCH (T
              KEBRST)
    KEBRV   - KERNBRENNSTOFF-VERBRAUCHSRATE (T KEBRST/A)
    KKEBVA  - KUMULIERTER KERNBRENNSTOFF-VERBRAUCH ANFANG

KEBRM.K=KKEBV.K-KKEBUW.K                                   204, A
    KEBRM   - BRUTSTOFFMENGE (T KEBRST)
    KKEBV   - KUMULIERTER KERNBRENNSTOFF-VERBRAUCH (T
              KEBRST)
    KKEBUW  - UMGWANDELTE KERNBRENNSTOFFMENGE (T KEBRST)
```

ENERGIEMODELL   4/23/76

```
DEK.K=EKKO.K*RKOVA.K+EKOE.K*ROEVA.K+EKEG.K*REGVA.K+         205, A
  +CLIP(0,EKKE.K*RKEVA.K,SWT11,TIME.K)+EKRG.K*
   RRGVA.K
     DEK      - DURCHSCHNITTLICHE ENERGIEKOSTEN (1)
     EKKO     - ENERGIEKOSTEN KOHLE (1)
     RKOVA    - RELATIVER KOHLEVERBRAUCHS-ANTEIL (1)
     EKOE     - ENERGIEKOSTEN ERDOEL (1)
     ROEVA    - RELATIVER ERDOELVERBRAUCHS-ANTEIL (1)
     EKEG     - ENERGIEKOSTEN ERDGAS (1)
     REGVA    - RELATIVER ERDGASVERBRAUCHS-ANTEIL (1)
     EKKE     - ENERGIEKOSTEN KERNENERGIE (1)
     RKEVA    - RELATIVER KERNENERGIE-VERBRAUCHSANTEIL (1)
     SWT11    - SWITCH-TIME 11
     EKRG     - ENERGIEKOSTEN REGENERATIVE ET (1)
     RRGVA    - RELATIVER REGENERATIVER ET-VERBRAUCHSANTEIL
                (1)

KAPEM.K=(DEK.K)*1.5                                          206, A
     KAPEM    - KAPITALAUFWAND-ENERGIE-MULTIPLIKATOR (1)
     DEK      - DURCHSCHNITTLICHE ENERGIEKOSTEN (1)

  KONTROLLKARTEN

TIME=1900                                                    207.1, N
```

Interdisciplinary Systems Research
Birkhäuser Verlag, Basel und Stuttgart

ISR 1
René Hirsig:
Menschliches Konformitätsverhalten – am Computer simuliert

ISR 2
Werner Hugger:
Weltmodelle auf dem Prüfstand

ISR 3
Klaus Schönebeck:
Zur Beitrag komplexer Stadtsimulationsmodelle (vom Forrester-Typ) zur Analyse und Prognose großstädtischer Systeme

ISR 4
Christof W. Burckhardt (Editor):
Industrial Robots – Robots industriels – Industrieroboter

ISR 5
Bruno Egle:
Entscheidungstheorie

ISR 6
Peter Ruloff:
Konfliktlösung durch Vermittlung: Computersimulation zwischenstaatlicher Krisen

ISR 7
Salomon Klaczko:
Systemanalyse der Selbstreflexion

ISR 8
John Craig Comfort:
A Flexible Efficient Computer System to Answer Human Questions

ISR 9
Richard Rickenbacher:
Lernen und Motivation als relevanzgesteuerte Datenverarbeitung

ISR 10
James Gips:
Shape Grammars and their Uses

ISR 11
V. Negoita / D. A. Ralescu:
Applications of Fuzzy Sets to System Analysis

ISR 12
Jan Vuillemin:
Syntaxe, sémantique et axiomatique d'un langage de programmation simple

ISR 13
George Stiny:
Pictorial and Formal Aspects of Shape, Shape Grammars and Aesthetic Systems

ISR 14
Alexander Van der Bellen:
Mathematische Auswahlfunktionen und gesellschaftliche Entscheidungen

ISR 15
Dana H. Ballard:
Hierarchic Recognition of Tumors in Chest Radiographs

ISR 16
James R. Low:
Automatic Coding: Choice of Data Structures

ISR 17
Richard Young:
Seriation by Children: An Artificial Intelligence Analysis of a Piagetian Task

ISR 18
Helmut Maier:
Computersimulation mit dem Dialogverfahren SIMA
Bd. 1: *Konzeption*

ISR 19
Bd. 2: *Dokumentation*

ISR 20
Hartmut Bossel / Salomon Klaczko / Norbert Müller (Editors):
System Theory in the Social Sciences

ISR 21
Ekkehard Brunn / Gerhard Fehl (Hrsg.):
Systemtheorie und Systemtechnik in der Raumplanung

ISR 22
Remakant Nevatia:
Computer Analysis of Scenes of 3-dimensional Curved Objects

ISR 23
Henry M. Davis:
Computer Representation of the Stereochemistry of Organic Molecules

ISR 24
Bernhelm Booss / Klaus Krickeberg (Hrsg.):
Mathematisierung der Einzelwissenschaften

ISR 25
Claus W. Gerberich:
Alternativen in der Forschungs- und Entwicklungspolitik eines Unternehmens

ISR 26
Hans-Paul Schwefel:
Numerische Optimierung von Computer-Modellen mittels der Evolutionsstrategie

ISR 27
Hermann Krallmann:
Heuristische Optimierung von Simulationsmodellen mit dem Razor-Search Algorithmus

ISR 28
Stefan Rath-Nagel:
Alternative Entwicklungsmöglichkeiten der Energiewirtschaft in der BRD

ISR 29
Harry Wechsler:
Automatic Detection of Rib Contours in Chest Radiographs

ISR 30
Alfred Voss:
Ansätze zur Gesamtanalyse des Systems Mensch–Energie–Umwelt

ISR 31
Dieter Eberle:
Ein Computermodell der Verflechtung zwischen Wohn- und Naherholungsgebieten der Region Hannover

ISR 32
Ernst Billeter / Michel Cuénod / Salomon Klaczko:
Overlapping Tendencies in Operations Research, Systems Theory and Cybernetics

ISR 33
G. Matthew Bonham / Michael J. Shapiro (Editors):
Thought and Action in Foreign Policy

ISR 34
Ronald H. Atkin:
Combinatorial Connectivities in Social Systems

ISR 35
Moscheh Mresse:
MOSIM – ein Simulationskonzept basierend auf PL/I

ISR 36/37/38
Hartmut Bossel (Editor):
Concepts and Tools of Computer-Assisted Policy Analysis
Volume 1: *Basic Concepts*
Volume 2: *Causal Systems Analysis*
Volume 3: *Cognitive Systems Analysis*

ISR 39
Rolf Pfeiffer:
Kybernetische Analyse ökonomischer Makromodelle für die Bundesrepublik Deutschland

ISR 40
David Canfield Smith:
PYGMALION: A Computer Program to Model and Stimulate Creative Thought

ISR 41
Friedrich Niehaus:
Computersimulation langfristiger Umweltbelastung durch Energieerzeugung

GPSR Compliance

The European Union's (EU) General Product Safety Regulation (GPSR) is a set of rules that requires consumer products to be safe and our obligations to ensure this.

If you have any concerns about our products, you can contact us on

ProductSafety@springernature.com

In case Publisher is established outside the EU, the EU authorized representative is:

Springer Nature Customer Service Center GmbH
Europaplatz 3
69115 Heidelberg, Germany

www.ingramcontent.com/pod-product-compliance
Lightning Source LLC
LaVergne TN
LVHW010341260326
834688LV00036B/817